管理赢家

刘承元精益管理的梦想与成功

于常印 刘雪琳 著

哈爾濱工業大學出版社

图书在版编目(CIP)数据

管理赢家：刘承元精益管理的梦想与成功 / 于常印，刘雪琳著.— 哈尔滨：哈尔滨工业大学出版社，2020.6

ISBN 978-7-5603-8804-5

Ⅰ. ①管… Ⅱ. ①于… ②刘… Ⅲ. ①企业管理 Ⅳ. ①F272

中国版本图书馆CIP数据核字(2020)第070685号

HITPYWGZS@163.COM

艳|文|工|作|室 13936171227

管理赢家：刘承元精益管理的梦想与成功

GUANLI YINGJIA: LIU CHENGYUAN JINGYI GUANLI DE MENGXIANG YU CHENGGONG

策划编辑 李艳文 范业婷

责任编辑 孙 迪 付中英

装帧设计 屈 佳

出版发行 哈尔滨工业大学出版社

社 址 哈尔滨市南岗区复华四道街10号 邮编150006

传 真 0451-86414749

网 址 http://hitpress. hit. edu. cn

印 刷 文畅阁印刷有限公司

开 本 710mm × 1000mm 1/16 印张21.25 插页8 字数264千字

版 次 2020年6月第1版 2020年6月第1次印刷

书 号 ISBN 978-7-5603-8804-5

定 价 68.00元

刘承元博士

Chengyuan Liu Ph.D

刘承元博士，现任合众资源•3A咨询集团董事长、中国先进制造者联盟首席专家、清华大学外聘教授、精益造物育人理论创始人、中国精益管理学堂发起人。

刘承元，专注于中国精益管理理论的研究与实践，在学术与管理理论方面，精益求精，笔耕不辍，已出版了《精益思维》、《比日本工厂更高效》（上中下三册）、《专家博士5S经》、《TPM与工厂全面改善》、《企业卓越经营品质》、《解决问题的哲学》等多部管理类专著，在权威管理杂志上发表管理类论文100多篇，提出大量原创管理理念与思想。

主要荣誉

2018年6月30日，刘承元以原创“精益造物育人”机制体系（又称“自主创新经营理论”）荣获第六届国家科技部下属管理科学学会颁发的“管理科学奖”，和董明珠、陈春花、格力、海尔等个人和企业一起获此奖项，中央电视台予以报道。

2015年2月荣登《企业管理》杂志封面。

2014年3月荣登《世界经理人》杂志封面。

2013年3月刘承元开始在全国范围内巡回主讲“精益管理大讲堂”，该活动延续至今，共举办200多期。

2012年2月《世界经理人》杂志登载刘承元博士专访文章《管理改变中国》，并发布“精益造物育人”机制体系（又名：自主创新经营理论）。

2008年3月举办第一期“工厂管理公益行”，刘承元主讲，历时五年，共走进国内近50个大中城市，举办数百期。同年11月《世界经理人》杂志登载专访文章《刘承元的精益中国梦》。

2006年6月3A三位联合创始人接受凤凰卫视专访，同年11月提出了“制造强，中国强，管理改变中国”的新主张。

2003年11月举办第一届“中国制造业管理高峰会”，后更名为“中国企业管理高峰会”，并一直延续至今。

2000年10月，和肖智军、党新民等伙伴一起创立3A顾问公司，立志产业报国。

1991—2000年，在理光深圳公司工作，任生产管理部长、经营革新部长、管理部长，并兼任人力资源总监，后任理光国际（上海）公司副总经理。

1989—1990年，任日本大阪大学产业科学研究所研究员。

1983—1989年，国家公派其去日本大阪大学留学，先后获工学硕士、博士学位。

1978—1982年，在哈尔滨工业大学学习，获工学学士学位。

初中毕业照

高中毕业照

大学留念

哈工大毕业照

哈工大82届出国研究生合影留念

赴日预备校第五期四班全体同学合影

东北师范大学留日预备校

硕士毕业合影

神户制钢

理光深圳公司

和饭田先生一起

参加客户企业成果发布会

大福物流日新馆

丰田展馆

在客户企业佳联印染参加活动

与客户领导在现场交流

刘博士与3A核心团队合影

中国精益哲学传承启动仪式

与特发信息领导一起为现场员工点赞

听取客户员工改善成果汇报

在机场与3A顾问员工偶遇

参加管理科学奖颁奖典礼

原留学生班同学在母校主楼前合影

开创中国精益管理学派

在中国制造业崛起的过程中，我和我的团队帮助千余家企业成功导入了精益管理机制理论，不仅极大地提升了这些企业的竞争力，而且还构筑了属于我们中国人自己的原创精益管理机制理论。这套体系的实效性已被大量实践所证明，不仅在管理者经营思维上有启发作用，更有指导企业经营实践的实用价值。

／ 科学管理与精益生产的演进

众所周知，100多年前泰勒的科学管理诞生，其核心思想在于，假定有“标准人”存在，那么一切工作都可以标准化，并基于标准化原理研究提高效率的办法。福特汽车的大批量生产方式就是泰勒思想的优秀实践案例。

1936年，丰田汽车创始人丰田喜一郎不满足于家族的织布机生意，开始了汽车制造。他前往福特学习，发现基于科学管理的大批量生产方式有致命问题，期望丰田汽车不再走福特老路，提出了准时化（无库存或少库存与快速交付）和自动化（通过防错纠错机制不生产不良品）的两大系统原则。以两大系统原则为导向，通过全员改善，不断消除浪费，追求高效率、低成本和高品质，并最终成就了闻名世界的丰田生产方式，即TPS（Toyota Production System）。

1973年，世界石油危机爆发后，丰田生产方式开始引起社会高度关注。其原因是，在世界石油危机后经济低速增长的形势下，只有丰田汽车依然保持活力，利润比美国三大汽车和德国大众四家利润总和还要高出许多。为此，美国MIT教授们前往丰田研究TPS，并提出了精益生产LP（Lean Production）的思想。从此，精益生产方式开始风靡全球。

TPS和LP传入中国之后，许多企业专家和学者都试图照搬它们的方法论，却始终不得要领，即便是TPS创立者大野耐一亲自传授TPS，指导效果也不尽如人意。人们抱怨只学到了皮毛，以至于人们把精益生产在中国的不成功归结为国民性问题，即精益只适合于日本，因为日本人素养好，终生制，有工匠精神；精益在中国不可行，因为中国员工流动性大，工作马虎，责任心不强等等。这种观点颇具代表性，对中国制造业管理提升，危害颇大。

实际上，国内企业之所以没有学好TPS，原因在于，人们只愿意模仿或照搬TPS的“形”（结果和方法论），而没有花功夫研究和学习TPS的“神”，即内在的东西。TPS的“神”是什么呢？是相当于基因一样的东西，我们称之为持续改善文化。

／ 国内管理者为什么喜欢德鲁克和稻盛和夫

在改革开放之后很长一段时间里，西方管理大师的管理思想和方法层出不穷，在中国异常火爆，大多以畅销书的形式传入我国，你方唱罢我登场，国人乐此不疲地读书、听课，不断接受所谓的新理念、新思想的熏陶，并期望通过运用这些思想和方法来提升管理。但时至今日，真正能够落地、生根、开花、结果的思想和方法并不多，只有德鲁克的目标管理留下了较深的印记。只可惜，德鲁克的管理思想种子在国内长出了“歪果子”，人们错误地把目标管理简化为“绩效考核”。国人之所以热捧德鲁克，是因为有如下几个原因：

一是通俗易懂。大师对目标管理进行了充分的抽象和简化，用精练的语言把管理讲清楚了，让人感觉通俗易懂。比如，先有目标，才有任务，而不是相反。又比如，没有目标会造成懒惰，没有目标的工作会成为空谈。还比如，决定战略优先顺序的条件有很多，但勇气一定比分析更重要……如此这般的表达，谁都能听懂！总之，德鲁克的思想体系里面，少有细致的逻辑演绎和推导，也很少讲解具体的工具和方法，没有抓手，很难落地。

二是感觉简单易用。德鲁克的目标管理思想被专家、学者简化为“定目标，做考核”，以至于绩效考核在中国大行其道。在我看来，被简化为绩效考核的目标管理之于中国企业，弊大于利。原因是，这套“目标管理”方法让企业经营者一叶障目，误以为这就是经营管理的全部或大部分，以至于疏忽了企业经营管理中最根本的工作和任务。也就是说，企业经营者不再关注绩效经营（自上而下辅导并帮助下属达成目标）和绩效改善（推动并激活团队自下而上参与改善）等过程管理，只对结果感兴趣。

除此之外，管理大师德鲁克在中国走俏，还与人们喜欢管理成功学有很大关系。我坚持认为，把管理学做成时尚或成功学都是错误的，必须摒弃。中国式目标管理（考核至上的绩效主义）必须得到纠正。

近年来，热捧稻盛和夫也有大致相同的问题，人们或者膜拜稻盛和夫的教条，或者期望阿米巴一招制胜。所有这些都是值得警惕的，需要企业管理者理性思考，不要被所谓的“灵丹妙药”遮蔽了眼睛。

／ 构建属于中国自己的精益管理体系

自2000年开始，一群来自中、日、韩等优秀跨国企业的本土管理精英凝聚在3A的旗帜下，开始了对精益生产方式中国化的研究、探索和推广。为了让精益生产方式能够真正在中国企业生根、开花、结果，我们做了大量的理念创新、工具开发和机制系统建设工作。实践证明，我们中国人不仅能够活用精益管理思想和方法，而且还可以予以完善与发展，甚至做得比日本企业更好。

期间，我们提出了许多重要的原创思想，奠定了精益管理的理论基础。比如，我们把精益上升到信仰的高度来认识，让人们相信，世界上一定存在比现在更好的做法，做任何事情都值得精益求精。比如，我们主张，绩效管理应该包括自上而下的绩效经营、自下而上的绩效改善和着眼于员工成长的绩效考核三部分内容，其中绩效经营和绩效改善才是绩效管理工作的主体。又比如，我们重新定义了员工积极性这个具有普遍意义的关键词。员工积极性应分两种，一种是劳动积极性，即员工投入体力和劳动时间的意愿和行动；另一种是工作积极性，即员工付出脑力和创新智慧的意愿和行动。精益成功的关键是激发员工的工作积极性。再比如，为了化解国人对精益生产的误解——误以为精益只是生产部门的事情，我们坚持把精益生产改称为精益管理，目的是要告诉人们，精益管理不仅包括精益生产，还包括精益营销、精益研发、精益供应链和精益经营等更广泛的内容。如今，这些重要的原创思想已被广泛传播，并为越来越多的企业管理者所接受。

我们对精益管理的本质、目标、对象和运营机制等进行了科学总结、提炼和架构，形成了被命名为“精益造物育人”的管理机制理论。它是一场基于精益信仰的集体创新修炼，这场修炼以员工持续成长（心智、意识和能力提升）为导向，以革新既有生产、研发和销售等管理系统、工作方法为目的，以自动化（智能化）和准时化（定制化）为系统原则，并通过采用人性化办法促进员工广泛参与，实现企业、员工和客户价值最大化。

为了保障造物先育人思想的有效落地，我们开发出了素养塑造、员工成长、氛围营造、员工微创新、现场上台阶、绩效大课题和利润经营七大育人机制。这七大育人机制与企业造物（生产产品或提供服务）系统相互作用，动态生发，在促进员工快速成长的同时，获取丰厚的经营和管理收益。

我们还定义了企业软实力的核心内涵。众所周知，企业软实力通常说的是企业文化，但对优秀企业文化的内涵和形成过程却所涉甚少。所谓企业文化通常包括三层，核心文化是指企业经营理念、价值观等内容，主体文化应该是员工的行为习惯和改善创新智慧等，表层文化是指企业

VI(Visual Identity)等外在表达的手段或方法。其中，主体文化建设是提升企业软实力的关键，是企业管理者最大的挑战。

之所以这样说，原因在于，一方面，要把企业经营理念、价值观以及VI等要求内化为员工行动，并形成习惯是十分困难的事情。多数企业的现实是，理念上说一套，行动上却是另一套；另一方面，到底该建立什么样的企业文化尚存争议，有人倡导狼性文化，以为这样可以战无不胜，有人倡导圣贤文化，认为如此可以唤起良知，孰是孰非莫衷一是。我们认为，狼性文化和圣贤文化都有致命缺陷，我们积极倡导精益革新文化。培养精益革新文化，是指通过持续运营革新改善机制，不断唤起员工善意（良知）、激情和创新意愿，逐步培养员工精益求精和持续创新思维与习惯的过程。在此过程中，如果能汲取传统文化中的优秀智慧和精神养分则是十分有益的。

我们还在利润经营、精益研发、精益营销、精益供应链和精益人才快速复制等诸多方面进行了大量的研究和实践，成效显著，硕果累累。总之，我们已经形成了一套有哲学思想，有机制系统架构，有落地方法，而且还有大量成功案例做支撑的精益管理理论、机制和体系。这套体系，不仅属于3A，也属于参与其中的许许多多的中国企业，更属于我们伟大的祖国。

所以，我们已经开创性地成就了世界精益管理学中的中国学派，有了属于中国自己的原创管理理念与思想。

“精益造物育人”机制理论的伟大实践

这是一本有故事，有思想，而且完全可以成为管理经典的传记。作为故事的主人公，刘承元博士个人的奋斗史，正好契合了中国改革开放四十多年的发展史。通过本书，读者可以感受到一个个体在波澜壮阔的国家发展大潮中的奋发向上和使命情怀，从此获得向上的力量。通过本书，读者还可以领略到丰富的管理思想和创新智慧，从此找到个人和企业不断精进的方向和路径。我们都说，要和祖国同呼吸、共命运，刘承元就是一个很好的样板！

众所周知，改革开放以来，中国制造突飞猛进，实现了跨越式发展，走过了西方工业化国家100多年走过的漫漫长路。从总量上来说，中国制造在2010年超过了美国，现在几乎是德、美、日三国的总和，是名副其实的世界工厂。2019年又是一个具有划时代意义的年份，在世界500强榜单中，美国121家企业上榜，中国是129家，首次超越美国位居第一。

与中国制造的规模比起来，中国制造企业的管理还相对落后，与中国经济和中国制造在国际上的地位并不相称。然而，我们欣喜地看到，在国内已经涌现出一大批像华为、格力、TCL、美的、海尔、吉利、比亚迪这样的优秀企业，它们不仅在产品竞争力方面迎头赶上，也在经营管理上进行了许多有益的探索，收获了累累硕果。

在这个过程中，国内也涌现出了一批具有前瞻思维和原创思想的管理专家，刘承元就是其中颇具代表性的人物。刘承元不仅是中国制造发展壮大的见证人，也是参与者，更是积极的推动者和智慧的指导者。

一直以来，刘承元对管理科学情有独钟，在数十年的经营管理实践中，经过系统思考和精心架构，提出并发布了“精益造物育人”机制理论。这套理论，结构化地表达了企业经营过程中“造物”和“育人”之间的强关系。所谓“造物”，是指企业既有的纵向组织系统，负责向客户提供产品或服务的部分，是造物系统；所谓“育人”，是指绝大多数企业尚缺的横向运营机制，负责推动组织创新和改善的部分，是育人机制。刘承元对“精益造物育人”机制理论最简洁独特的描述是：育人机制是水，造物系统是船，水涨才能船高。

许多企业领导自己兢兢业业多年，都未能拥有一支优秀的员工队伍，管理提升缓慢，问题就出在创新职能和育人机制缺失上。懂得这个道理之后，企业领导就应该虚心学习，在企业内逐步导入并持续运营刘承元倡导的育人机制。只有团队能力提升了，造物系统才会随之提升。所以，“精益造物育人”机制理论的提出，具有十分重要的现实意义。

这套理论，不仅有大量原创思想支撑，还有一整套落地机制和方法保障，在国内企业大量管理实践中，取得了丰硕成果，被大量实践证明是务实、有效的。

本书分上下两篇。上篇重点介绍刘承元的学历、经历以及创业历程，通过详细描写他的人生故事，使读者了解其性格和思想形成过程，进而了解其公司的文化。在理光工作的十年，也是刘承元对精益管理学习、吸收和改良创新的十年。其独特的原创“精益造物育人”机制理论就是在这一阶段开始孕育的。

企业真正有力量，可传承的是企业文化。企业文化基因源自创始人的个人理念、使命，企业愿景源自创始人的志向与抱负。企业文化将创业者的个人追求转化为企业追求，将个人人格转化为企业人格，与其使命情怀有密切关系。不同企业创始人的不同特质，铸就了不同企业文化的独特性。

刘承元从小在其父母的教育与熏陶下，在社会的关爱下成长，形成了大爱、奉献与感恩的性格，所有这些对其创业后企业文化的形成起着重要作用。可以说，刘承元公司的企业文化，就是其个人性格与优良品质的一部分，读懂刘承元的经历，其企业文化的核心也就把握住了。

刘承元的“精益造物育人”机制理论，是他在管理实践中吸收与消化发达国家经验的基础上，结合中国实际，成功探索出的，属于我们中国人自己的管理智慧和管理思想，在千余家企业成功实践，具有重大现实意义，值得大力推广。

本书下篇重点介绍刘承元的“精益造物育人”机制理论及其落地实践。在第六章，指出了中国企业管理升级中的六大缺失，讲明照搬国外管理理论在中国行不通的道理，并介绍了具有中国特色的3A管理咨询模式的探索过程。该咨询模式的重点在于，找到了打破惰性、经营团队的人性密码，并通过改变、超越和夺冠三个步骤，从采取细小的改善行动开始，树立信心和兴趣；激发团队挑战自我，提升团队意识和能力；树立冠军信念，以成为行业标杆为目标持续改进，并最终形成生生不息的精益改善文化。这样一个过程，正是“精益造物育人”机制理论所倡导的，人造环境，环境育人。

第七章阐述了精益管理中基于人性、激发善意的机制和方法，比如，通过设置“蜗牛奖”与“金牛奖”，倒逼团队成员形成空杯心态，知耻求荣，化繁为简，把深奥复杂的管理变得简单有效。他们在服务唐钢时，仅7位顾问就能把数万名员工动员起来，可见其“造物育人”机制的强大力量。同时，这一章还指出了中国管理界迷信制度的误区，主张管理不靠制度靠机制。

第八章较详细地介绍了“精益造物育人”机制理论中的七大育人机制，具体阐述了这些机制的运营技巧和实战运用，并通过在不同企业里的大量实践事例予以了证明。

第九章介绍了“精益造物育人”机制理论是如何落地的，重点指出了现场力就是竞争力、精益文化形成的过程以及精益实践中手把手辅导的重要性。刘承元指出，只要能够持续运营“精益造物育人”七大机制，就能把三流企业提升为二流甚至一流企业。

第十章介绍了刘承元掀起的精益管理革命、管理改变中国的初心，以及为中国企业培养大量精益管理人才的浩大工程。刘承元博士不仅在管理理论上对中国管理科学界有重大贡献，在实战与育人方面也成绩卓著，令人追随与敬仰。

于常印　刘雪琳

引子

从古到今，大凡爱国者，都有大胸怀、大气魄，都有敢于为国捐躯的英雄气概。

在和平时期的今天，大凡爱国者，同样都有强烈的责任心与使命感，都有家国情怀。他们在用知识改变自己命运的同时，也在改变企业乃至国家的命运，其可贵的献身精神与崇高的思想境界令人敬仰。刘承元就是这样一位有情怀、有使命感和有崇高思想境界的爱国者。

制造业作为国家工业的脊梁与大国崛起的基石，近些年来却被国人忽视，甚至边缘化了。

为了唤起国人对中国制造业的重视，警醒企业家对中国制造业管理落后面貌的关注，合众资源·3A咨询集团董事长刘承元博士在14年前不惜花重金在凤凰卫视上推出了“制造强，中国强，管理改变中国”的公益性广告。他用其所学的管理知识与丰富管理经验，积极布道精益管理思想，并手把手辅导国内上千家企业走精益管理之路，取得了卓越成绩。

刘承元还在国内掀起了中国管理精益革命风暴，连续17年举办中国管理高峰会，让原创的、属于本民族的精益管理机制理论与思想影响越来越多的国人。

刘承元数十年如一日，潜心研究，积极实践，持续创新，精心构筑了属于我们中国人自己的原创“精益造物育人”机制理论。这套体系有哲学思想，有系统架构，有落地方法，而且还在大量管理实践中得到有效验证，在帮助中国企业提升经营管理绩效方面效果卓著。基于这一机制理论，刘承元及其团队咨询服务的续约率高达90%以上，大大高于世界著名管理咨询公司。这既改变了国人对国内管理咨询公司不如国外公司的偏见与看法，也为国家赢得了荣誉。

刘承元的人生经历，就是一个阿甘式成功的励志故事，一路奋进，一路探索，一路高歌，精彩纷呈。其人生每一次重大转折，一方面是时势造就，另一方面是靠知识、靠智慧、靠拼搏赢得的。

下面我们一起走进他的波澜壮阔、激情满怀、引人入胜、大开大合的故事。

目　　录

上篇　梦想：从中国乡村到世界舞台

1 求学：知识改变一名农村娃的命运

机遇总是钟情有准备的人。国家刚刚恢复高考，刘承元正巧高中毕业，参加了高考，考上了大学。当年刘承元就读的中学有应届高中毕业生120多人，最后只有两人考上大学，刘承元有幸被重点大学哈工大录取。

2 东渡：放飞梦想从留学日本发端

刘承元在日本留学七年，深受日本文化与精益思想熏染，这对他日后的职业发展，以及创新精益管理思想起到了重要作用。

3 归国：对物质诱惑说不

刘承元思维敏捷、思路清晰、观点独到、办事得体，深得理光深圳公司董事长立神先生和总经理几野先生的赏识。刘承元的到来，改变了立神先生和几野先生的许多固有思维与想法。

4 导师的力量：从世界五百强“管理取经”

长期的经营管理实践，让刘承元对经营和管理的本质有了独到认识与理解。经营的本质是“创新与改善”，目的是“育人”。管理的本质是“管控和维持”，目的是“造物”。

5 崇高使命：管理改变中国

刘承元有一个梦想，就是用毕生精力，在全国范围内聚集一批行业精益思想家导师，培养一大批精益传承人，和他们一起，传播精益，推动精益，让更多的企业能从“精益管理”中受益，做强中国制造，助推中华民族伟大复兴。

下篇　成功：精益是一种信仰和哲学

6 十年磨一剑：铸就中国咨询的成功

大量的事实证明，照搬国外理论在中国行不通，需要实事求是，在学习借鉴的同时，进行批判和改良，以便构建属于中国人自己的管理理论和管理方式，这也是中国管理跃上世界级水平的唯一途径。

7 “管理密集”新思维：3A顾问为什么总能赢

在高度竞争的今天（刘承元称之为后营销时代），决定制造企业命运的主要是制造管理技术水平的提升，而不是人们从前所依靠的金点子、牛策划和高投入等。当然，提升制造管理技术水平绝不是一朝一夕的事情，而应是企业长期努力与追求的目标。

8 "精益造物育人"：中国精益思想的诞生

造物系统是船，育人机制是水，水涨才能船高。这是刘承元对"精益造物育人"机制理论最经典的解读与诠释。

9 落地：做好最难的事情

事实上，每一个企业都有自己不同的问题，管理千差万别，没有一个通用的模式可以让企业借鉴或者照搬，课堂上的泛泛而谈更不能解决企业具体问题。

10 掀起风暴：积极推动中国管理进步

为了让中国制造尽快做大做强，并最大限度地传播精益管理思想，推动中国精益管理革命，推广“精益造物育人”机制管理实践，有强烈责任心、使命感的刘承元，在中国掀起了一场又一场精益思想革命风暴。

上篇

梦想：
从中国乡村到世界舞台

1

求学：知识改变一名农村娃的命运

机遇总是钟情有准备的人。国家刚刚恢复高考，刘承元正巧高中毕业，参加了高考，考上了大学。当年刘承元就读的中学有应届高中毕业生120多人，最后只有两人考上大学，刘承元有幸被重点大学哈工大录取。

父母是最好的老师

刘承元父母虽然没有读过书，但他们乐观向上，勤奋善良，谦逊忠厚。这些美德让刘承元继承下来，成为他一生的财富。

刘承元纯朴、善良的父亲，待人宽容、真诚，任劳任怨，充满大爱。

1948年，刘承元的父亲不辞辛苦，靠自己多年卖针线、纽扣与布匹积攒下来的钱，在村里盖了一栋大瓦房，还用余款买了几亩水田。后来，刘承元一家因为历史原因，度过了一段颠沛流离的岁月。

1962年，刘承元出生在这个动荡的家庭里。按常理，在这样极差的环境中长大，会让人感到十分压抑，甚至会形成偏激的性格。可刘承元不但没有，反而快乐大度、温文尔雅和对生活充满热忱。他乐观向上的性格与他父亲对他的教育，以及父亲对党和国家的充分信任有着极大的关系。

母亲对刘承元的影响是深刻的。那时，小村的村民们白天下田干农活挣工分，收入很少，几乎家家户户都织苴麻布。母亲是家里织布主力，也是小村里最勤劳的。所以，家里的生活总是过得比邻居们稍微宽裕点。还因村里地少人多，按人口分到的粮食少，每到青黄不接的季节，村里很多人家的粮食不够吃，可刘承元家每年都有余粮，还经常把米借给邻居以救他们一时之需。这与他母亲平时的节俭和持家有方是分不开的。母亲常说，只要有计划，早打算，就不会出现揭不开锅的情况，千万不能等到看见米缸底了才后悔不已。具体做法是，她会对分来的粮食估算出每天可以消耗的量，在此基础上每天按90%的量煮饭。母亲还时常教导孩子们，有的时候就要想到没有的时候，凡事都要提前做好准备，不能临时抱佛脚。用今天时髦的话说，就是实现了蓄水池式的经营。

母亲心地善良，乐善好施，经常帮助村民，深受村民们尊敬。

在生活中，人们通常觉得圣贤离他们十分遥远。其实“圣”也好，“贤”也好，均是一种崇高的象征。

人死去，都会回归自然，尘归尘，土归土。然而，人是不断进步的，有低俗与高尚之分。如果一个人特别快乐、慷慨、无私，愿意为别人服务与奉献，慈悲向善，他就是高尚的。那些高尚的或有善心的人，可用精神的力量与善念去改变与感化许多人的命运，可以说他们就是圣贤。从这种意义上讲，刘承元父母品格高尚，一心向善，乐于助人，令人崇敬。正因为他们有高尚品格与善心善念，影响着刘承元一生，刘承元才始终以一颗善心与付出精神待人，改变着自己，也改变着许多人的命运。

从小就信奉：世界上好人多

1962年1月4日，刘承元出生在江西省上饶市秦峰乡下湖村的一个普通家庭。上饶人杰地灵，素有“上乘富饶、生态之都”的美誉，还有“八方通衢”和“豫章第一门户”之称。刘承元兄弟姐妹5人，他排行第五，上面有两个哥哥和两个姐姐。刘承元出生的时候，父亲48岁，母亲41岁，在那个年代，完全算得上是老来得子，所以父母对刘承元特别宠爱。一般来说，被过于宠爱的孩子都会变得不懂事，但刘承元却是个例外，他从小就特别懂事，懂得感恩。主要是因为他生活在十分困苦的年代，大人们的宠爱大都在情感和精神上，所以孩子能得到莫大的安全感，这是来自父母和家庭最深沉的爱。

因为母亲奶水不够，刘承元出生后就被送到10里外的奶妈家里喂养。半年后，刘承元又被送到在厦门的大姐家。在大姐身边生活了近两年，最后被送回乡下老家。刘承元依稀记得，回到乡下后，有好长一段时间天天找姐姐……

二姐比刘承元大4岁，小小年纪就肩负起照顾弟弟的责任。特别是她上小学后，就开始带着弟弟一起上学，一起在教室里听课。后来大家都说，刘承元之所以有今天的这份执着，注意力集中，可能跟他二姐的陪伴和培养有着直接的关系。所以刘承元也十分感恩二姐。

刘承元大姐比他大20岁，大哥比他大18岁。自从他记事起他们就对他疼爱有加，邻居也喜欢他。他小时候非常听话，父母、哥哥、姐姐让他做什么，他都跑得很快，马上去做，且做得又快又好，是一个既聪明又乖巧听话的好孩子。

两个哥哥都是村里的劳动能手，大哥还有一项独特的农活技术，就是在没有画线或拉线的情况下，就能在水田中央插出5行笔直的秧苗来，成为村民插秧的榜样。刘承元大哥多才多艺，不但二胡拉得好，笛子吹得也好，在学校里还小有名气。虚心好学的刘承元，很小就从大哥那里学会了拉二胡和吹笛子。两位哥哥任劳任怨的秉性，也都潜移默化地对刘承元产生了积极影响。

从上小学时起，几乎所有老师就都对刘承元关爱有加，特别是上了初中后，老师们对刘承元倾注了更多的热情与心血，使他从小就得到来自于家人、老师的恩惠，所以他慢慢地从内心生发出一份十分炽热的情怀，懂得感恩与奉献，并对周围世界充满热爱。他认为：“世界上好人多。”直到现在也是如此。

从父亲身上学到“诚信、利他生意经”

父亲年轻时除了务农外，还步行到数十里外的山区走乡串户，做布匹、针线和纽扣等小生意。有时因离家有数十里远，父亲需要住在山区乡下，他所到之处，总会有人争着留他吃住，从中就能看出父亲的人缘是多么好！

自从刘承元懂事后，父亲常常跟儿子回忆自己年轻时在生意场上的得意经验，并总结说：“做生意其实不难，只要做到两条就行了：第一是诚信，第二是让客户得到实惠。”

父亲这样说，也是这样做的。上了年纪后，父亲不再去外地做生意，便经常把自家田地里种的四季豆等蔬菜拿到集市上卖，去集市前先把蔬菜整理干净，然后称量并捆扎成1斤一束。最让刘承元记忆深刻的是，每一束称量完成之后，父亲都要加上少许，大概有半两，然后捆扎起来。这就是父亲非同一般的“生意经”，和那些缺斤少两的奸商做法完全不同。

在刘承元创业后，父亲在“生意经”中的利他思维，时时影响着他，成为其企业文化的一部分，成为其稳定客户的黏合剂。刘承元他们公司为客户提供咨询服务时，就是追求客户价值最大化，以客户续约（复购）率来评价咨询项目的效果。所有这些，与其让客户得到实惠的利他思维是一致的。

两位充满大爱的启蒙恩师

刘承元小学是在下湖村小学就读的。上小学时，他虽然成绩一直不错，但并不是班里成绩最好的。让他至今仍记忆犹新的是，有一天，算术老师让他和几位同学到黑板上做多位数加法，其他几位同学都是从右到左写结果，而且会认真地打上进位符，只有刘承元是从左到右写结果，而且还不出错。老师看到后惊讶地问他为什么这样写，刘承元回答道："这样写简单，速度又快。"

这种算法得益于他父亲传授的心算法。尽管父亲没上过学，但心算却很厉害，而且特别讲究快算逻辑和窍门。记得小时候，父亲考他，9毛8分1斤的菜买3斤要多少钱。刘承元答不出来，父亲就耐心教他，用整数1元乘3斤得3元，再用2分乘3斤得6分，然后相减，最后得出2元9毛4分。这样训练多了后，刘承元就慢慢喜欢上了心算，并掌握了心算规律，在小学读书时，他算术成绩在班里是最好的。

小学毕业后，刘承元从村小学升入乡中学。那时的乡中学各方面条件都很差，师资力量严重不足，基本上是初中毕业的老师教初中，高中毕业的老师教高中。然而，刘承元遇到了两位特殊的启蒙老师后，越来越爱学习，学习成绩也越来越好。

一位是班主任郑老师，他教语文。那时他30岁出头，精力充沛，学生们时不时能看到他打篮球时的潇洒动作。那时的刘承元，个头矮小，看上去还有些腼腆。但是他劳动特别积极，不管是在班里打扫卫生，还是在学校里挖操场。学校起初没有操场，教学楼后面有个小山包，只能由学生们定期劳动，用愚公移山精神，日复一日地硬是把那小山包给挖走了，竟挖出了一片宽阔的操场来。刘承元从不偷懒，总是干得比别人多，是一个典型的好孩子。班主任很喜欢他，他大部分课程成绩好，唯有作文成绩稍逊。班主任在语文课上处处引导他，激发出他更大的学习热情。每次学校搞活动，他所在的中学都会印发全校师生诗词汇编，里面总会有几篇署刘承元名字的诗词作品。其实，那几首诗词是班主任郑老师与刘承元共同完成的，却都署上了刘承元的名字。刘承元年纪虽小，却十分懂得老师署他名字的良苦用心：一是为保护他，不受不懂事的孩子欺负；二是因他作文不太好，郑老师想以此来激发他好好学习语文。乖巧的刘承元内心十分感激，并默默下定决心，要更加努力学习。他的作文成绩不久就追上去了，他用实际行动回报了郑老师。

另一位是教数学的张老师，她是从城里来的知青，20岁出头，长得端庄秀丽，极富青春活力。在记忆里， 她出现在哪里，哪里好像都洒满阳光。张老师特别喜欢刘承元，她发现刘承元聪明过人，悟性极高，无师自通，所以，经常让他到黑板上做样题，等做完样题之后再讲解，这样效率特别高。刘承元一直有自学习惯，上数学课前他都预习，书中例题，他看一两遍后就会做作业了。在张老师的重视与鼓励下，他对数学越来越感兴趣。每次布置完作业后，张老师都会邀他去她办公室一起为同学们做答案。老师的信任，更激发了刘承元的学习兴趣，使他成为班里数学成绩最好的学生。那时，国家还没有恢复高考，非常单纯的刘承元认为，学习的目的就是为了让老师开心，让父母开心，除了感恩之外，想不出学习还有其他什么目的。可见被期待、被欣赏与感恩是一种多么巨大的力量。

第一次命运转折：初中毕业差一点辍学

初中毕业考高中时，刘承元考试分数排全年级前几名，但因为家庭原因，按惯例他是不能上高中的，他的两个哥哥、两个姐姐都是初中毕业就回家务农了。等待刘承元的也是同样的命运。

站在人生的十字路口，到底该何去何从？身单力薄、个子小小的刘承元并没有特别难过，也没有怨天尤人，而是平静地接受了现实。非常听话的他，听从了父母的建议，决定提前进入社会，学做泥水工，连师傅都找好了。

1976年9月开学之前，转机突然出现了，六位老师高兴地来到刘承元家，请他去读高中。这是怎么回事？刘承元和他的家人大吃一惊，不知道到底发生了什么。原来，在放假期间，前后教过刘承元的六位老师听说他没有被高中录取，马上联名写报告找学校校长和公社书记说情，大意是，刘承元学习成绩好，各方面都很优秀，是一个可以教育好的孩子，万望领导特批他继续读高中。校长和公社书记被老师们的“义举”感动了，就破例批准他上了高中。

后来每当想到这件事时，刘承元总会感慨万千，这个世界上终究是好人多。要不是六位老师的无私举荐，刘承元就不可能有今天。

高中同桌，善良的房地产商

托初中老师们的福，刘承元得以顺利升入高中，一切又回归正常。

可能是因为从小不缺爱，刘承元小小年纪就能做到笑对生活起伏和荣辱，感觉一切都是最好的安排。任何时候，都只管自己努力，坐等上天安排，从来就没有或少有为自己争取什么的想法和冲动。

但在刚上高中的时候，全班60多名同学，在操场上列队准备排座位。刘承元不知哪来的勇气，主动向班主任提出，要和一个刚刚从其他中学转来的有些腼腆的新同学坐一起，老师欣然同意了。这位同桌后来成了刘承元一生的好兄弟，他叫翁春图，后来改名翁国图，比刘承元大一岁，现在是上饶有名的房地产企业国图置业公司的董事长。偶有中学同学和老师聚会，大家都会感叹，乡中学1978年120多个同学中，要数他俩这张桌子最出彩，一个读书最多，另一个赚钱最多。

人生如戏，自从上大学之后，刘承元远离家乡，和家人团聚的机会很少，而翁国图反而成了刘承元家里的常客，走动很多，刘承元的父母都特别喜欢他。每次探亲回家，家里人都会对刘承元讲，这位翁同学是如何好，帮了什么大忙，比亲兄弟都亲！所以，刘承元对他也是心存感激。

翁国图心地善良，对社区、对邻里和对员工都充满关爱，所以他在当地口碑极好。从刘承元和他的同桌两个人的人生路径就看得出来，成才不止上大学一条路！

后来，刘承元偶尔会开玩笑说，要是当年真的没有读上高中，说不定自己后来会成为一名优秀的工匠；又因为手艺了得，有一天成了建筑队包工头；再因为赶上国内大开发、大发展的时代，说不准就成了某某房地产商。

这样一番畅想，看似有些无厘头，但事实却是有迹可循的。

充满爱的家庭，造就刘承元感恩的性格

刘承元父母生性善良、宽容，性格开朗。家庭和睦，父慈母爱，让孩子们时刻沐浴在爱的海洋里。他们家沿袭了祖上良好的家风，父亲待人和善，体现一个“和”字；母亲特别懂得“爱”家人。从小到大父母从没打过孩子们，他们兄弟姐妹间非常团结，家里始终充满着爱与欢乐。

刘承元在家中年龄最小，上有两个哥哥、两个姐姐。在父母的言传身教下，他们从小就养成了尊老爱幼、乐于助人和恪守规矩的好习惯。小时候，父母教导他们，吃饭时，兄弟姐妹按年龄大小依次就坐，孩子绝对不能坐主座。吃饭坐姿、如何夹菜都有规矩。吃饭时间，邻居可以端着饭碗来他家，或聊天，或夹菜吃，而他们从来就不会端着饭碗离开桌子一步。据刘承元回忆，每当夏天晚上纳凉的时候，刘承元家门口就是一个欢乐的聚会场所，非常热闹。

刘承元在充满爱的家庭氛围中长大，还一直受到来自老师、同学与学校领导的关怀和爱，始终生活在温暖和安全的环境里，他在人生的每

一个阶段，都能够得到无私的关心和爱护。例如，从小学、初中，到高中，再到大学，每一个阶段都能遇到好人，有贵人相助，让他特别懂得感恩。

所以他一直告诫自己，要感恩、感恩、再感恩，要行善、行善、再行善，唯有此才对得起父母，对得起哥哥姐姐，对得起在他成长的各个阶段，身边那些关心、爱护、帮助过他的人，这也逐渐造就了他大爱与感恩的性格。

高考前在县中遇到超级学霸

在1978年临近高考前三个月里，县里决定举全县之力培养尖子学生，以便在当年的高考中取得更好的成绩。为此，县里进行了一次统考选拔，刘承元从全县数千名应届生中脱颖而出，成了全县300多尖子生之一。同时，县里又把全县最优秀的教师集中起来给他们上课，对这批尖子生给予特别关照。这是刘承元第一次离开村里来到县城，开始如饥似渴地汲取着知识。对刘承元来说，这三个月说是复习，其实许多内容都是新的，所以他觉得这三个月学到的东西比前两年学的东西都多。

到县中之后，300多尖子生参加了一次分班考试，只考数学一门。他被分到了成绩最好的三班，这个班有80多人，是名副其实的学霸班。这个班是全县的希望，教室被安排在当地很有些文物价值的“钟灵台”。这是一座依山而建的塔状老建筑，教室呈正方形，左右各一个门，同学们靠山而坐，教室后方有两个大窗户。最令人记忆犹新的是，每天都有10多个县中教师子弟，风雨无阻地在窗户外认真听课。

很快，刘承元感觉到世界突然变得开阔了许多。一是，学霸很多。

班里厉害的人太多了，自己懂得太少了，他知道了“天外有天，人外有人”。二是，老师厉害。三班的老师是全县最好的，他们清一色都是清华、复旦、华东师大等一流大学毕业，而且教学经验十分丰富。三是，方法独到。为了让全县的学霸们倒空自己，数学老师一招制胜。第一堂课，数学老师在足有四五米宽的黑板上写了5道不同的题，接着从点名册里点了5位同学上去，刘承元也是其中之一，应该是全县数学成绩最靠前的5个人吧。他们每人拿着粉笔，面对黑板，一筹莫展，整个教室鸦雀无声，他们5人也是大气不敢出，时间像凝固了似的。足足等了10分钟后，老师说话了：“你们不是很厉害吗？不是全县的佼佼者吗？怎么没有一个人做出来，就这个样子参加高考，结果堪忧。接下来的三个月对你们每一个人来说都至关重要……”其大意是，如果不倒空自己，不努力打拼，神仙都救不了你们！

就这样，全县的学霸们彻底被学霸老师征服了，遇到这样一批好老师，真是他们的福气！后来，这个班真是不负众望，80多位学生中除个别一两位身体出现状况外，其余全部考上了大学，有近一半的同学进入重点大学。

复习期间，刘承元还被发生在自己身上的一件事深深触动。部队来学校招飞行员，班里绝大多数同学都报了名，但刘承元没有报名。教化学的班主任蒋老师知道后，专门找刘承元谈心，鼓励他一定报名，讲的道理再简单不过：“报不报名是你的主观意愿，录不录取是国家的事情，年轻人就是要一颗红心两手准备，而且做什么都不能自我设限。”听完蒋老师的建议后，刘承元放下了纠结和顾虑，马上填表报名。虽然因视力不好，第一关就被淘汰了，但他深感老师对他的关心和爱护，而且从此还懂得了“不自我设限”的道理。

“77级、78级现象”

众所周知，1966年到1976年，大学停止招生。虽然1972年大学又恢复了招生，但只招收靠推荐的“工农兵学员”上学。直到1977年，在改革开放总设计师邓小平的强力推动下，才决定正式恢复高考。

超低的录取率和超高的成才率，是77级、78级最突出的两个特点。1977年，参加高考的人数为570万，只录取了27万多人，录取率不到5%。第二年，报考人数达到610万，录取40万，录取率也只有6.6%。这个难度，甚至比明清时期，秀才考取举人的成功率还要低！毫不夸张地说，40年前的高考，大有千军万马过独木桥的味道。之所以把77级和78级放在一起说，是因为他们同在1978年入学，77级是1978年春季入学，78级是1978年秋季入学。

由于历史原因而中断十年的中国高考制度，于1977年10月27日恢复了，中国迎来了尊重知识、尊重人才的春天。历史虽然任性与无情，但还是没有把77级、78级大学生抛弃。由于77级、78级是历史的转折点，是不可复制的特殊一代，无论在文学领域，还是在领导干部提拔任用方面，他们都赶上了这一特殊历史机遇，所以这两届成才率极高。77级于1978年2月至3月入学，1982年1月底毕业；78级于同年9月至10月入学，1982年7月毕业，仅相差六七个月时间。毕业那年，在人才方面早已青黄不接，国家百废待兴，各个岗位都缺人，社会对这两届学生翘首以待，因而，他们成了“抢手货”，备受青睐。加之他们强烈的社会责任感与使命感，恰逢他们拥有施展才干的广阔舞台，因而他们大多成了国家各行各业的中坚与栋梁。如果排列成功者的名单，他们是一个亮丽耀眼的方阵，人们称为“77级、78级现象”。

时至今日，“77级、78级”已经成了一个特殊的名词，他们还被称为“黄金一代”。在今天的中国，他们的身影遍布全国许多重要领导岗位，还有许多是各界名流、学者，是当之无愧的社会中流砥柱，仍在深刻地影响着中国的命运。刘承元有幸成为他们中的一员。在他们身上，可以看到时代的洪流下个人的奋斗足迹与为命运拼搏的精彩篇章。

第二次命运转折：恢复高考后的第一年考上大学

由于刘承元数学成绩在全县名列前茅，在1978年高考时，他报了三个志愿：清华、浙大、厦大，都报了数学系。遗憾的是，高考时数学考试没发挥好，自此他的数学家梦就这样破灭了。

刘承元不仅数学好，其他科目也不差，虽然数学没有考好，但他仍被全国重点大学哈尔滨工业大学金属材料系录取，成为时代的幸运儿。

／ 机遇总是钟情有准备的人

国家刚刚恢复高考，刘承元正巧高中毕业，参加了高考，考上了大学。当然，运气再好，没有过硬的学习成绩也是枉然的。尽管那个年代“读书无用论”甚嚣尘上，但他出于对父母、对老师的感恩，一直发愤苦学。在条件极为艰苦的公社中学，他学习成绩十分突出。当年刘承元就读的乡中学有应届高中毕业生120多人，最后只有两人考上大学：一个重点大学，一个普通大学，录取率不到2%。刘承元有幸被重点大学哈工大录取。

刘承元回忆说，当年的高考有几件事至今仍记忆深刻：一是他特别自信的数学意外考砸了，数学家梦破灭了，生性乐观的刘承元还在家里难过地哭了；二是在收到哈工大入学通知书后，在将要离家前往哈尔滨的前几天又收到了推迟入学的通知，一下子把入学时间推迟了将近两个月。此时，全家人都特别担心。所以，在接下来的两个月里，刘承元本可以好好休息一下，考虑到万一不能如愿上大学，有失面子，所以，他听从了父亲的建议，一直坚持参加生产队劳动，一天也没有停歇过。

后来还是乡中学老师帮忙，到县教育局去打听，同年被哈工大录取的还有两名同学，都同样接到推迟入学通知。一家人的担心竟是虚惊一场。

在哈工大，开始崭露头角

哈尔滨工业大学始建于1920年，是一所全国重点大学，位列世界一流大学建设高校A类。刘承元觉得能考上哈工大是一件非常荣幸的事，特别是在他入学后，这种感觉更加强烈。哈工大有着深厚的历史积淀，有太多的故事都在告诉人们，哈工大非同凡响，而且从校友中涌现出了大量社会名流、精英，他们的成功更是哈工大的骄傲，而且激励着哈工大一代又一代莘莘学子，以中华民族崛起与复兴为己任，勤奋学习，真诚奉献……践行哈工大“规格严格，功夫到家”的校训。

2020年是哈工大建校100周年。作为校友，刘承元特别怀念40多年前在哈工大的那段美好时光。

那是1978年的11月，16岁的刘承元穿着大棉袄，扛着10多斤重的厚棉被，从江西来到了冰天雪地的哈尔滨，开始了在哈工大的求学之路。

来到这里，最吸引刘承元的是学校高高挺立的主楼，这是一座俄式风格的巨大建筑，据说是仿莫斯科大学的风格而建的。主楼的左侧是机械楼，右侧是电机楼，三栋大楼连为一体，是当时的教学楼，他们基本上就是在这幢楼里度过了四年的学习时光。来到哈工大的人大多都会以这栋建筑为背景留影，哈工大宣传部门的记者们也会从不同角度、在不同季节记录这栋大楼的风采，甚至做成明信片，进行宣传。

还有十分吸引刘承元的就是这所名校的悠久历史、文化积淀和诸多成为各界名流的校友。所以作为哈工大的一员，刘承元一直沐浴着母校的光辉和荣耀，也一直告诫自己，一定要努力学习，以便将来报效祖国，回馈母校。他是这么想的，也是这么做的。

在哈工大学习的时光令人难忘，如今刘承元回忆起当时的学习情景，依然豪情满怀、激动万分，对母校的感恩之情溢于言表。当然，刘承元取得了今天的成就，也足以让母校为之骄傲。

“把失去的时间抢回来”，是那个特定时代的口号

“把失去的时间抢回来”，这是一句在那个特定时代最让人热血沸腾的自我激励的口号，也是那个时代同学们的共同心声。因为特殊的历史原因，“77级、78级”成了一个特殊的群体，最鲜明的特征是，同班同学年龄参差不齐。刘承元所在班级最大的31岁，他是班上两个年龄最小的小同学之一，年仅16岁。因为多数同学都不是应届毕业生，失去了许多本该学习的时间，所以他们就有了“把失去的时间抢回来”的激情和豪迈。刘承元小小年纪，也被拼命学习的滚滚洪流裹挟着一路向前。记得当时，学校担心同学们熬夜学习，不利于身体健康，明令禁止晚自习不能超过10点。但同学们都违规拖到很晚才离开，赶都赶不走。那种学习热情，比起古时头悬梁、锥刺股和凿壁偷光的故事有过之而无不及。

当然，促使刘承元奋发图强、努力学习的还有几方面差距与压力：一是来自于与老三届（1966、1967、1968年的高中毕业生俗称老三届）的老大哥、老大姐们的差距与压力。他们基础十分扎实，懂的比应届生

多得多。二是乡下与城里人的差距与压力。来自城市的同学见多识广，而乡下来的同学，自然懂得就少，更大的问题是，从小没有玩过玩具，做物理化学实验的时候，总是缩手缩脚，很有几分自卑。三是外语基础太差。刘承元没有基础，英语26个字母都没有认全，所以被编到英语慢班学习，压力很大。

但是，刘承元从小就养成了一个很好的习惯，总能把眼光放得比别人远一点，不骄不躁，把压力变动力，然后开始脚踏实地地、默默地努力和追赶。功夫不负苦心人，大学四年，他实现了一个又一个突破和超越，以优异成绩度过了精彩美好的大学生活。有这样几个方面成绩，值得他书写。

／ 英语成绩后来居上，成了全年级“外教班”的优秀一员

入学后，因为没有英语基础，刘承元被分到慢班，感觉压力很大。他心想，搞科学不会英语不行，所以他决定用比其他同学更多的时间去追赶，几乎每天都会把至少两个小时的时间用在英语学习上。大一结束时，就和那些有英语基础的同学拉平了，成绩中等。到大二快要结束时，已经开始有所超越，每次考试都能在班里位列前几名了。

上大三时，哈工大破天荒地请来了美国老师，全年级要选20名英语好的学生，成立一个“外教班”。入选条件是，笔试成绩要好，然后要通过美国老师口语面试。至今，他还清晰地记得，候选学生被英语老师告知，和美国老师交流，要是实在听不懂的话，要老老实实请求再说一遍（I beg your pardon），绝不能不懂装懂。同学们被一个一个叫到美

国老师办公室对话，刘承元当时好紧张、好激动，面试后美国老师竟然表扬他说："发音比较准确，合格了。"

到了大四考研究生时，刘承元英语就彻底赶上了，而且还得了高分。他总结外语学习的时候，十分庆幸自己在中学时没有学外语。原因是，如果在中学时就开始学英语，加上大学四年，终究会遇到外语学习疲劳期。而从大学开始学习外语，能够一气呵成，后来居上。参加研究生考试时，竟考出好成绩，他十分欣慰。

／ 获得哈工大数学竞赛第八名，成为打破"九系"历史纪录者

在大二的时候，哈工大搞了一次全校数学竞赛，给了刘承元一次证明与展示他数学功底的好机会。

记得在数学竞赛结束后的一堂数学大课上，数学老师敲打着黑板，用她特有的高音高调宣布："九系放卫星了，哈工大建校以来第一次有九系的学生获得数学竞赛大奖，全校排名第八。这个打破九系历史纪录的人，就是刘承元。这次数学竞赛，让九系扬眉吐气。"数学老师接着说，"刘承元还满自信的，最后一道大题没做出来，却在答题处写了几个字——'题目应该有错'"，然后，哈哈大笑。

1978年，《人民日报》上发表了一篇重磅报告文学，讲的是陈景润攻克"哥德巴赫猜想"的故事。受其激励与鼓舞，刘承元在心里默默定下了一个伟大的目标，他的理想是当一名受人爱戴的数学家。但可惜的是，高考时数学没有考好。当然，回首往事，因数学未考好，使得他数学家的梦破灭了，但从对社会的贡献而论，今天的刘承元不负众望，在

管理咨询领域也同样做出较大贡献，令人敬佩。

／ 机械制图能力超群，任课老师十分赏识

刘承元除了数理化和英语学得好外，还有一门基础课也非常出色，那就是机械制图。

在那个年代，世界上还没有CAD等制图软件，零件加工图纸要用手一笔笔地画出来，机械制图是工程师的一项重要技能。哈工大被称为工程师的摇篮，所以制图是一门比较重要的科目。刘承元总能又快又好地把复杂的零件画成图纸，制图老师特别喜欢他画的图，总是拿着他画的图给同学们做样板。

刘承元总结说，一张好的机械制图需要同时做到三点：一是铅笔线条要均匀，线头线尾粗细一致。他悟到的窍门是，要会“运笔”，即随着手臂的直线运动，手指要旋转铅笔的笔身，这样线条才均匀，不会有粗有细；二是图面要干净，窍门就是要十分细心地设法一笔画好，一次做对，少用橡皮；三是尺寸标注要科学，不能标注封闭的尺寸链……用今天时髦的话说，要画好机械制图，还真需要一种能工巧匠的精神。

／ 毕业论文以研究实用技术为题，被评为优秀

刘承元大学的毕业课题是“轧辊表面耐磨性能提升的研究”。在传统思维里，提高轧辊表面耐磨性能，通常都会想到用热处理的方法。但

刘承元却另辟蹊径，彻底颠覆传统思维，采用离心铸造的新工艺，即在离心机的腔体内表面预先撒上一层碳化硅颗粒，再浇注流动性好的高温金属液体。在高速旋转的离心力作用下，高温金属液体流入碳化硅颗粒的缝隙里，金属和碳化硅颗粒最终形成复合材料层。这个复合材料层拥有良好的耐磨性能，其研究取得了较好的成果。当时想到这个方法的时候，不仅刘承元自己兴奋不已，他的指导教授也十分欣喜，都觉得是一项不错的发明。

后来听其他朋友提起，这项技术经过优化，还获得了国家级科学技术奖。因为刘承元在国外留学，而他的指导教授也不幸逝世，他和导师都没有在这项技术上署名。

可见，刘承元有一种不同于他人的品质，只要他认为是有意义的、需要做的事情，不管自己是否喜欢，他都会全力以赴，且力争做到最好。他在留学期间对专业的钻研也是如此。尽管他并不喜欢所学专业，但他的硕士和博士论文都做得很好，还超标准地在国际学术杂志上发表多篇技术论文，受到了大阪大学导师的肯定。

第三次命运转折：考上国家公派留学生

1981年，刘承元已进入大学三年级，国家开始试行向海外公费派遣留学生制度，每年委托全国部分重点大学代招近千名学生到西方发达国家留学。从每年30多万大学毕业生中选拔近千名留学生，被选上的概率是可想而知的。比刘承元早半年毕业的77级，哈工大就有27名同学被选拔为留学生，特别是管理学一个专业就有两个出国名额，这让刘承元十分心动。

／ 从大三开始，刘承元就定下两个目标

一是出国留学，另一个是改学管理专业。那时，哈工大刚刚恢复管理系，没有本科毕业生，但欢迎别的专业学生报考管理学研究生，刘承元期望通过自己的努力考上管理系出国研究生，于是，他买来管理类书籍偷偷地自学起来。

／ 时代又一次赋予了其机会

1982年临近研究生考试时，刘承元发现，哈工大管理系当年没有出国研究生名额，而他所学专业在全国仅有一名出国研究生名额，由哈工大代招。当他发现出国留学和改学管理专业两者不能兼得的时候，他毅然决定回到自己本专业报考留学生。

他不负众望，力压群雄，在全国数百名同专业考生中一举夺魁，成为该专业唯一的国家公派留学生。他凭借出色的成绩又一次赢得了改变自己命运的机会。直到今天谈起此事，他仍深感命运与时代眷顾了自己。刘承元能有幸出国留学，也促使他更快成长、蜕变，使他人生更加多姿多彩。

1986年春天，在日本留学的刘承元，接到了上饶县县志编撰办公室的来信，信中热烈祝贺他成为改革开放后上饶县第一位留学生，是新时代的状元，推荐他入编县志。据说，县志编撰工作是一项十分繁杂和辛苦的工作，1986年立项，1993年才成书出版，这时刘承元已经定居在深圳。某日，刘承元收到一本《上饶县志》，翻开内页，还真的有关于他的记录——读书竟然读出了名。

2

东渡：放飞梦想从留学日本发端

刘承元在日本留学七年，深受日本文化与精益思想熏染，这对他日后的职业发展，以及创新精益管理思想起到了重要作用。

“胡娜事件”的蝴蝶效应

20世纪80年代，是中美建交后的蜜月期。1981年中国女排首夺世界杯冠军，并开启了“五连冠”的辉煌历史，1984年新中国首次参加美国洛杉矶奥运会就夺得了15枚金牌。然而，就在这期间，一个网球运动员的出逃，导致了两国文化交流活动暂停。那个年代的人大多都熟知这件事，而且还有包括网球运动队的相关领导等一大批人被追责。这就是当时令世人震惊的“胡娜事件”。

1982年7月，中国派出了由包括胡娜在内的4名运动员、1名领队和1名教练组成的中国女子网球队，赴美国参加联合会杯大赛。首轮比赛第一个出场的胡娜以2比0战胜日本队的冈本久美子，中国队最终以3比0战胜了日本队。7月21日，根据安排，中国队将对阵德国队。但是就在早餐后，教练和队员们却找寻不到胡娜。当天晚些时候，胡娜通过律师致电组委会，称自己很安全。之后，中国队军心大乱，以0比3惨败给德国队。

这次事件引发了中美之间的外交风波，中美之间的许多文化交流活动被取消，中国还调整了当年派往美国的留学生名额。因此，刘承元的赴美留学计划搁浅了。

刘承元在大学期间，选择的外语语种是英语，研究生考试的时候考的也是英语。因为发挥出色，他争得了本专业唯一一名国家公派赴美留学生名额。1982年7月初，刘承元怀揣留学美国的通知书，兴高采烈地回到了江西老家休探亲假，心中感到异常兴奋和自豪。

正在家里享受幸福休假时光的时候，他突然接到了哈工大发来的电报。电报内容是："接国家教育部通知，你的留学国别已改为日本。"尽管还是留学，但留学日本与留学美国相比，还是让刘承元有几分失望，但冷静回想一下，很快就释然了，因为能够出国留学在当时就已经是万分幸运了。

半年学会日语，是一种怎样的体验

国家公派留学生都有一年的留学预备期，主要做好两件事情，一个是留学学校和指导教授的申请，另一个是外语的学习或巩固。

刘承元的担子很重，要在留学预备期内快速学习日语，且要通过考试。前面半年是在哈工大度过的，算是过得比较安逸，因为没有了繁重的学习任务。哈工大的留学生班共有21名同学，或在一起研究如何才能找到好导师，或者研究外语学习，还经常聚在一起畅想美好的未来。作为出国留学生，最幸福的事情，就是一直沐浴在师弟师妹们羡慕和崇拜的目光中……

在预备期的后半年时间，全国留日学生统一来到了设在长春东北师范大学的留日预备校，开始了为期半年的封闭式日语学习。在那里，全部使用日语教材，教学工作全部由日本老师负责，即使是班主任、教导员等辅助性岗位，也是由东北师范大学派出的优秀日语老师担任。

据刘承元回忆，每天耗费时间最多的就是日语的听、读、写、背，回到寝室后同学们还约定尽量使用日语交流，违者罚款。开始时大家都憋得慌，因为有一部分人并没有日语基础。但是显然，这样的学习环境，对外语学习益处多多，所以大家外语水平进步神速。

留日预备校结业的时候，包括刘承元在内的绝大多数同学，即使有一部分人只学习了半年日语，也都顺利通过了日本文部省组织的针对外国人的日语能力鉴定考试。日本老师都啧啧称奇，表扬中国学生的好学和聪慧。

谈到这里，刘承元还对国内外语特别是英语教育的“草木皆兵”方式表达了自己的看法。他说：“我们的孩子从小学，甚至从幼儿园开始就耗费大量时间学外语，是没有必要的浪费之举。外语学习完全可以从初中或高中开始，在幼儿园、小学和初中阶段，应该腾出更多时间来学习我们的母语，把汉语特别是中国古汉语，学得扎实一些，意义更大。”

出国前接受爱国主义教育

临行前，国家给每位留学生发放了700元制装费，希望他们订制新服装和备好出国物品，以便都能体面出国。700元在当时可是一笔不小的数目，那时大学毕业生上班后的月工资才50多元。习惯了艰苦朴素的刘承元只花了不到300元置办了一些出国用品，余下的钱便都寄回老家补贴家里。

出国前，刘承元与许多一同出国的留学生一起，在国家教委的安排下在北京中南海等地接受了半个月的爱国主义教育。他们学习了中国历史、中国共产党史、中国近代百年的屈辱史，懂得了国家派遣留学生出国，是希望他们学成回国后，为国家做出更大的贡献。同时，老师还教他们如何穿戴，讲话要注意什么，教育他们出国后要有国格，要有尊严。他们还参观了毛泽东、周恩来故居与其办公场所。那时，他们责任感、使命感很强，都觉得自己是国家的人，自己是国家的栋梁。所以，刘承元也暗下决心，绝不辜负党和国家重托，学成回国后，一定要报效祖国。

初到日本，深受日本社会精益思想熏染

日本是一个干净整洁、秩序良好的国家，并拥有学习、改良和传承的精神。这些特点，表现在社会生活的方方面面，就像基因一样存在于日本社会。日本人的自律精神是有口皆碑的，他们崇尚一个重要理念，那就是“不给别人添麻烦”，所以造就了一个安全、整洁、高效与和谐的社会。刘承元在日本留学七年，深受日本文化与精益思想熏染，对他日后的职业发展，以及创新精益管理思想起到了重要作用。

日本的环境洁净，而且特别讲究秩序，这两点在世界上是出名的。街道是干净的，排水沟也是干净的，日币是干净的，看球后的球场也是干净的。日本人的秩序感令人吃惊，从前就有这样的图片，在地震后，人们可以排着数百米的队伍等待发放物品。在东京，如果你看到某某小店门口排起了长队，可仔细观察一下，特别令人钦佩的是，在队伍的中间偶有断开的地方，那个断开的地方是人行道，可见其素质之高。日本人对干净和秩序的追求，也表现在对产品和服务的质量上。因为日本人对产品特别挑剔，所以不管日本企业还是外国企业，都会把最好的产品

先投放到日本市场。

日本的教育主要体现在素质教育方面，而且主张全民素质和素养提升。他们并不鼓励英才教育，比如学生不许跳级，也没有少年班教育。刘承元注意到，日本人素质和素养水平之所以高，主要得益于全社会都强调规范和训练。特别是针对幼儿园和低年级学生，训练更是无处不在。

20世纪八九十年代，在日本经济高歌猛进之时，日本人也反省自己的教育是不是出了问题，因为那时获诺贝尔奖的日本人很少。日本人崇尚科学、文化和教育，也是有迹可循的，这从日元纸钞上的人物肖像可见一斑。在2004年11月所发行的一万日元纸钞上人物肖像是教育家、思想家福泽谕吉；五千日元上人物肖像是文学家樋口一叶；一千日元纸钞上人物肖像是生物学家野口英世。一个启蒙国民教育，一个陶冶国民情操，一个医治国民病体，他们都有一个共同点，就是通过自己的努力改变了国家。

日本的文化，追求学习和改良。不得不说，日本既是一个崇拜强者的民族，又是一个谦卑好学的民族，而且谁强学谁，十分认真。盛唐时候，日本学习和吸收中华文化，汉字再难也要吸收为自己的文字。大英帝国强盛时期，日本开始了明治维新，进行新全盘西化，就连汽车左行都学英国的。后来德国崛起了，又学习德国的强军战略，误入歧途，开始了侵略战争，蕴成灾难，最后战败，被美国控制。此时美国崛起，日本又全身心学习美国。可见日本这个民族一致性很强，为了向强者学习，可以全民族改弦更张。其实，日本这个国家虽然好学，博采众长，但从不照搬，是批判地学，其改良也做得很好，甚至做得比老师还好。

日本的社会，重视匠心和传承。日本天皇号称“万世一系”，数千年来都由一个家族统治，这对王朝更迭如走马灯的其他国家来说，确实是一个异类，这里面蕴含着日本人崇尚匠心和传承的民族精神。日本企业也是如此，企业主也学天皇，希望家族企业基业常青，这就使得日本企业中的百年老店、千年老店在全世界最多。可以说，日本受中华文化的影响最深，很多中华文化中的优良传统，被日本传承下来，这一点十分值得中国人思考和学习。

还有，日本的建筑、饮食以及其他诸多方面，无处不体现着精益的精神。总之，干净与整洁、秩序与规范、匠心与传承、学习与改良等，都是精益精神所追求的过程或结果。刘承元在日本留学的时候，还因为老师、朋友和日本人的言传身教，受益匪浅。刘承元认为，对于日本，中国人无须膜拜，但是他们有许多优点，可以抱着谦虚、比较、批判的精神来看待，可学习他们民众素养与精益精神。

当然，中华文化博大精深，没有极端的宗教思想，却具有一种特别的包容性。中国人的“家天下”，是西方哲学里没有的概念；中国人的“天下观”，也是日本社会没有的思想。刘承元既有中国人的“博大胸怀”和“天下观”，又深受精益思想熏染，相信他的“精益造物育人”机制与理论一定能够大放异彩。

日本导师教会了严谨治学与探究精神

在留学期间，刘承元的导师冈本教授对刘承元影响最大。冈本教授在大阪大学享有较高的声誉，当时担任大阪大学产业科学研究所所长。他治学严谨，又非常敬业，刘承元的敬业精神与治学严谨的态度，是从冈本教授身上学到的。

冈本教授深知，指导像刘承元这样的留学生，是受中国政府和日本文部省之托，责任重大，所以，他对刘承元的学习、生活和研究等十分用心。一方面，在吃、住、行等方面给予了很好的照顾；另一方面在学习和研究上也给予了特别关照：经常给他“开小灶”，做辅导，而且还会按日本文部省要求，定期把刘承元接到家里招待。据说日本文部省会给教授们发放一笔留学生招待补贴，加上刘承元自己性格开朗，乐观向上，研究所里的人都对他投来信任和羡慕的目光，使得他的留学生活充满快乐与阳光。

当然，冈本教授对刘承元的要求是非常严格的，辅导也是细致的，刘承元平时发表的学术论文，以及后来发表的毕业论文都是用英文书写的，冈本教授再忙，也会一字一句地帮他修改。第一篇、第二篇论文成文的时候，冈本教授不得不进行大面积修改，修改后的文稿通篇是红色的，从中可看出冈本教授认真负责的态度，也让刘承元看到自己巨大的差距。

到了博士学习中后期，冈本教授也会和刘承元探讨博士毕业后的规划问题。当得知刘承元毕业后不打算回大学搞研究的时候，冈本教授开始有些想不通。但是后来冈本教授慢慢地理解了刘承元的想法，而且对刘承元的不安分给予了最大的宽容。冈本教授对刘承元的要求是，只要把所学的课程学好，实验做完，正常发表论文，其余时间准许他自由发挥。因为导师的宽容，他在研究室里经常和同学交流思想，聊自己今后想创业当老板的计划与梦想。因此，同学总爱叫他“社长”（几乎等同老板的意思），久而久之，就成了习惯。

冈本教授给了刘承元很大自由度，允许他到外面结交各界朋友。后来，大阪市还定期举办企业家与留学生交流会。有了这个难得的机会与平台，立志未来创业的刘承元积极参与，在交流会上结识了一些日本企业家朋友，使他有机会去企业里学习。同时，他还与企业家们一同去索尼、松下等世界著名企业考察，眼界大开。那时，他阅读了许多精益管理类图书，包括企业家、政治家传记，受益匪浅。当地一些企业家这样评价他：“刘承元有理想、有激情、肯学习，微笑总挂在脸上，每天都充满阳光，将来一定是位好老板。”

结交日本友人，萌生创业梦想

／ 第一位朋友叫井上，对刘承元影响较大

井上曾在松下电器工作过，他对松下的管理思想很有心得。他离开松下后第一次创业是开餐馆，却因火灾破产。后来，他再次创业获得成功，经营着一家有20多名员工的小公司，而且已经逐步交班给他的长子经营。

井上非常喜欢中国文化，每年都到中国旅游。某日，在黄浦江游轮上闲聊时，刘承元的表亲得知井上一家人想去看马戏，但没有买到票。这位表亲第二天一早就把票送到酒店，让井上一家如愿以偿地看上了马戏。井上回忆说："素不相识的人都会主动帮忙，中国人真好。"交流中，听刘承元的表亲说，他有一位优秀的表弟在日本留学，是国家公派的高材生。井上回到日本后，马上找到了刘承元。就这样，井上和刘承元成了忘年交，而且对刘承元照顾颇多。那时，井上已经60多岁，每月相约与20多岁的刘承元见几次面，还经常买管理类书籍送给他。经过一

段时间交往后，井上主动提出，让刘承元免费住进他刚刚空出来的一套三居室，那是一套足有100多平方米的大房子。在这套房子里，刘承元一个人住了近5年时间。

刘承元1989年博士毕业，1990年便离开日本回国。1990年之前，日本房地产一路上涨，井上正巧赶在地产价格崩盘前售出了那套房子。后来井上还经常回忆说，好人有好报，让刘承元免费住了近5年，反而卖了个好价钱。

当然，可能有人会问，井上对刘承元这么好，到底图什么呀？其实，井上对刘承元好，并没有那么功利，他认为只是做了力所能及的好事而已。如果真要深究的话，其实只有一个理由，那就是眼光独到的井上早就看出中国的发展势头，他不止一次告诉刘承元，以后想让孙辈们到中国学习。只可惜，后来中日关系不如从前，日本年轻一代对中国的好感度下降，井上的孙辈们也没有来中国，这也许是井上的遗憾吧。

／ 第二位朋友叫国领，对刘承元影响是深远的

在一次留学生与企业家联谊会上，刘承元认识了一位中小企业家国领。国领有一家200多人的企业，做铝合金门窗加工、销售和安装业务。在日本，200多人的企业算是有些规模了，所以国领颇有些企业家的气质。

国领从小没有读过什么书，十五六岁时就离开了家乡，离开了父母，独自到大城市大阪谋生。据他回忆，当时主要靠卖苦力赚钱，肩扛车推，帮人家往建筑工地送建筑材料。熟悉了赚钱的门道后，他开始了

艰难的创业。创业最初几年，公司在千辛万苦中活下来，因为建材有体积大、分量重、占用资金多等特点，创业十分艰难。所以他有一份可贵的情怀，遇到有创业愿望的年轻人，就想帮一把。

国领对刘承元相当欣赏，喜欢他的激情、智慧和好性格，而且很早就知道刘承元想创业。等到刘承元拿到博士学位后，国领马上资助他到日本“中小企业家大学”学习，时间6个月，学费花了几十万日元。这所大学是日本中小企业协会创办的社团法人组织，主要是为培养企业家二代所设，邀请一些实战派专家、教授讲解各种管理案例，教学内容偏向解决企业实际问题。

国领还出钱让刘承元到财会学校学习会计学。他认为，要创业就要学好会计，以便少走弯路。自己创业时因不懂会计，吃了很多亏，走了不少弯路，不希望刘承元重蹈覆辙。除此之外，国领还邀请刘承元参加他们公司的董事会，让他从体验中学习管理。与国领公司法律顾问交流时，法律顾问告诉刘承元，国领先生其实是想把他培养成接班人，因为公司苦于没有合适的二代接班。

国领对刘承元的影响是深远的，他常常对刘承元说：“对男人来说，创业是一件十分浪漫的事情。”这更坚定了刘承元转行做管理工作与回国创业的决心。

受夏普、SONY激发，立志产业报国

在日本留学期间，经常会有一些中日友好人士带领刘承元那批中国留学生走入日本社会，参加各种活动。最令刘承元难忘的一次是参观日本企业的活动。某日本议员带着留学生一行参观了夏普和SONY，特别是在SONY中央研究院参观时，展厅里展示的技术和产品储备令这些年轻的留学生心生敬畏。当时SONY中央研究院院长说了这样一句话，震撼了他们的心灵。他说："即使SONY停下现在进行的所有研究，仅靠储备技术和产品，也可以让SONY继续存活30年、40年。"这使刘承元对新技术、新产品开发有了一个全新的、深刻的认识。

20世纪80年代中后期，日本人的自信心达到了顶峰。但是，20世纪90年代初期开始，日本经济泡沫破灭，日本进入所谓失去的10年、20年时期……人们回顾日本那段历史的时候，都在讲美国打压日本的故事，却很少有人提及日本产业界在技术路线选择上犯下了致命的错误。

大家都知道，日本人拥有精益求精的工匠精神。20世纪80年代中后期，日本人对音频和视频（图像）处理的模拟技术已经日臻完善，有些

已经达到登峰造极的程度。而美国人十分清楚，自己最缺的就是工匠精神，在模拟技术方面注定比不过日本人，所以美国人另辟蹊径，开始研究数码技术。但是，当时的数码技术受计算机算力等方面的制约，数码图像和音频颗粒度太大，呈现出来的画质和音质太差，一时成了日本人嘲笑的对象。从此，世界上开始有了两条技术路线的竞争：一条是以日本为主的模拟技术，一条是以美国为首的数码技术。日本人因为模拟技术上的巨大成功，终究放不下模拟技术，而对数码技术缺少起码的尊重和重视，产生了自傲心理。随着计算机技术的快速进步，数码技术也日新月异，日渐成熟，数年间就实现了对模拟技术的超越和替代。等日本人回过神来看懂数码技术的时候，美国数码技术已经一骑绝尘，成为主流，日本人在数码技术方面被甩在后面。

身处1989年的留学生们，看到夏普和SONY的强大，简直佩服得五体投地。感佩于井深大（SONY一把手，专攻技术）和盛田昭夫（SONY二把手，专攻商业和国际化）珠联璧合，创办SONY的事迹，刘承元和阪大同学朱金东、许炎三人秘密筹划着创办一家技术公司，草签了合作协议，还取了一个颇有寓意的名字，叫三友技术。后来由于种种原因，特别在是否回国等问题上产生了分歧，酝酿中的创业没有正式开始就夭折了。

看得出来，作为国家公派留学生，刘承元和他的同学们早早就拥有产业报国的拳拳赤子之心。

中国和日本的差距到底有多大

对20世纪80年代留学海外的人来说，中国和美国、日本的差距到底有多大，确实是一个十分沉重的话题。1983年，美国GDP是35 300亿美元，日本是11 869亿美元，而中国只有3 017亿美元。也就是说，中国GDP仅仅是美国的8.5%、日本的25%左右的水平，差距太大了。

所以每当这些忧国忧民的留学生聚在一起的时候，总忍不住议论，到底要多少年才能缩小这巨大的差距？大家比较一致的看法是，至少要30年才有可能赶上日本当时（20世纪80年代中后期）的水平。

有趣的是，30年的差距，是那一代年轻人的主观感受，并没有什么科学依据。后来中国经济高速发展，在GDP数字上的追赶令世界瞠目结舌，在2010年就实现了对日本的超越，经济总量仅次于美国，居世界第二。

这样的追赶速度，不仅令世界惊叹，就连中国人自己也未曾想到过。据说，在2000年发布未来规划的时候，目标是在2020年，或者是2030年超越日本，成为世界第二。之所以提前了，一是因为中国经济超常规发展，二是因为日本GDP在过去近30年里基本是停滞的。

但是，值得人们思考的是，看待国与国之间的差距，除了经济总量外，还应该有很多更具体的内容，比如人均GDP、产品创新和品牌知名度、企业盈利能力、科学技术能力、金融和服务产业能力以及国民素养水平等。在GDP总量之外的许多方面，中国与美日相比依然有差距。刘承元认为："我们还是要一如既往地不骄不躁，虚心学习，发奋图强。用心做好当下的事情才是明智之举。"

3

归国：对物质诱惑说不

刘承元思维敏捷、思路清晰、观点独到、办事得体，深得理光深圳公司董事长立神先生和总经理几野先生的赏识。刘承元的到来，改变了立神先生和几野先生的许多固有思维与想法。

学成归来：一次重要的人生抉择

1989年9月，刘承元顺利拿到了大阪大学博士学位证书。为了更多地接触日本社会，走近日本企业，学习更多关于企业经营的知识与经验，顺便探讨回国创业之事，刘承元决定在日本再留一年。为此，他向冈本教授谈了自己的想法，希望以研究员（一般研究者）身份在产业科学研究所再做一年研究，胸怀宽广的冈本教授欣然同意了。

在接下来的时间里，刘承元听从了国领的建议，到日本中小企业大学学习企业经营管理，到会计学校学会计。学完之后，国领很认真地告诉刘承元，希望他留在国领公司工作，并真心让他接班，继承自己的公司。对于这样一次绝佳的工作与接班机会，刘承元却婉言谢绝了，并坚持回国创业。国领最后表示理解，并告诉刘承元："你可以回国创业，找到好项目后，我给你投资，不求回报。"

就这样，刘承元回到国内，在江苏、浙江一带考察创业项目。那时的江浙一带，招商引资工作已相当活跃，投资机会真的很多。后来，经由哈工大浙江校友会秘书长姬老师介绍，刘承元认识了杭州市经委的几位领导，他们非常热心，带着刘承元到一家又一家企业走访，寻找合资合作伙伴。

经过几个月考察，刘承元终于在浙江萧山找到了一个花边刺绣项目，决定与那家绣花公司（花边厂）合资经营。绣花公司赵总是位工艺美术大师，在工艺美术领域很有造诣。经过几次交流，双方谈得很好，并约定各占50%股份合资经营，国领也已经准备好100万美元的投资款。刘承元还颇有前瞻性地注册了一个产品品牌，各项工作都进展得很顺利，万事俱备，只欠东风。

可是，机不逢时，因国领公司准备上市，那100万美元被审计公司确定为未经批准的投资款，是不合法的。这笔计划好的投资款最后被追回，刘承元的第一次创业梦就这样破灭了。

归国博士的曲折求职之路

不甘平庸，而且总想干一番事业的刘承元，在回国创业遇阻后，毅然决定南下深圳，主要是被深圳波澜壮阔的改革大潮与敢闯敢拼、敢为天下先的深圳精神所打动。

来到深圳后，刘承元未曾想到的是，留学博士求职，并不顺利。许多企业的人事部看他是留学归国博士，都觉得文凭太高、用不起而将他拒之门外。但乐观向上的他总能坦然面对每次拒绝，从没气馁，坚持“扫楼”求职。

两周后的一天，他“扫楼”来到东京三菱银行深圳分行，鼓起勇气告诉前台，要找行长交流。在与前台沟通时，正巧被进门的行长寺田碰上了。令刘承元欣喜的是，在寺田房间坐下来之后，两人聊得非常投机，大有一见如故的感觉，寺田决定聘用他，让他尽快上班。

没想到，第二天一大早寺田就给刘承元打来电话说：“日本理光公司正准备在深圳设厂，已和深圳市政府签订了购买土地合同，准备在深圳建立一个大型生产基地。理光公司是我的客户，那里规模大，机会多，你去那里做管理会更有前途，如果你愿意，我可以马上推荐。”立志转行做管理的刘承元异常兴奋，感觉机会在向他招手，便马上前往银行，寺田行长当场拨通了理光深圳公司总经理几野先生的电话，刘承元和几野先生在电话里约定了见面时间。

次日，刘承元应约来到理光公司租住在上海宾馆隔壁格兰云天大酒店的办公室，等几野先生忙完之后，两人一起去餐厅用餐，边吃边喝边聊，甚为投机。面试的结论是几野先生的一句话：“我们一起干吧。”几野先生对刘承元印象非常好，他表示，按理还要顶头上司（理光深圳公司董事长）最终面试的，但这次他就自作主张了，让刘承元马上就来上班。他还开玩笑说：“董事长爱喝酒，只要你能喝酒，他的面试就不会有问题了。”

进入理光，职场新人担任要职

刘承元至今仍清晰地记得，和几野先生见面是1990年3月9日。决定录用之后，刘承元马不停蹄地到北京教委办理了户口迁移手续，回到深圳后，于3月19日正式上班。

大约一个星期后，理光深圳公司董事长立神先生来深圳，带着刘承元拜访了两家日企，听取那些先行在深圳办厂的人的经验。立神先生带着刘承元，不光是为了让他跟着学习，更重要的是考察他。记得在其中一家大型日企，日方总经理接待了他们，会议室上方的空调往会议桌上滴水，总经理并没有觉得不自在。离开之后，立神先生问刘承元："刚才看到问题了吗？"刘承元说："没有，只是看到空调滴水！"立神先生接着说："空调滴水就是问题，总经理看到问题不及时让人处置，是更大的问题。这样的企业早晚倒闭……"未曾想到的是，这家企业不到十年还真的关门倒闭了，这叫见微知著。

晚上回来后一起用餐，立神先生果然问刘承元："会喝酒吗？"当得到肯定回答后，他说："会喝酒就合格了。"当然这是玩笑话，看得出来，立神先生对刘承元是满意的。次日，立神先生根据刘承元的专业，问他愿不愿意从事技术与研发工作，可以为他准备“位置”。因为刘承元对从事管理工作一直非常向往与痴迷，所以明确回答：“不做技术，只做管理。”

拒绝了技术岗位之后，刘承元带着几位比他更早入职的日语翻译，开始了各项建厂前的重要准备工作：一是，翻译和制作提交给海关的《拟进口设备清单》；二是，准备各级员工培训用的教材。经过数月的工作和磨合，立神董事长和几野总经理都对刘承元越来越信任，交流的内容也是越来越多，越来越深，他们有事都愿意找刘承元商量。

很快，立神先生就决定把工厂管理中最核心的两项工作交给刘承元，一项是人事经理，另一项是生产管理（负责计划、调度、物流和IT）经理。刚工作不久就被委以重任，这在论资排辈的日资企业里是极为罕见的。让一个博士毕业不久、基本上没有实战经验的人担任两个重要的岗位，绝对算得上是赌博，许多日本经理不看好，刘承元自己也有点担心。

但是立神先生却胸有成竹，他告诉大家，刘承元有激情、好学、有悟性，凭着自己对刘承元的了解，相信刘承元肯定能够干好这两项工作。与此同时，他偷偷告诉刘承元，不用担心，他会从理光集团总部物色几位专业经验丰富的日籍管理者过来帮他。对于立神先生的好意，刘承元心领神会，且十分感恩。

／ 兴趣是最好的老师，也是源源不绝的动力

刘承元非常喜欢自己所从事的管理工作，而且可以从世界级专家立神

先生、几野先生那里系统地学习经营思想、系统思维和策略方法。由于关系融洽，每当有疑问时，他都会毫不迟疑地找二位上司、专家讨教，以求最佳答案。刘承元认为，这是学习和修炼管理意识、管理思想和管理技术的天赐良机，绝对比世界上任何MBA、EMBA更有价值，更具实用性。刘承元把上司的重托与压力变动力，每天都十分投入地工作，虚心学习，不断进步，仅用半年多时间，他就胜任了自己的工作。

刘承元的用人方式助力理光深圳公司的成功

刘承元思维敏捷、思路清晰、观点独到、办事得体，深得理光深圳公司董事长立神先生和总经理几野先生的赏识。刘承元的到来，改变了立神先生和几野先生的许多固有思维与想法。以前，外资企业进入中国有一个不成文的惯例：高层用国外的，基本上用自己国家的人；中层聘用中国香港和中国台湾的经理人；基层才雇用中国内地（大陆）的管理者和员工。

刘承元自身条件过硬，又会一口流利的日语，方便沟通，这些给了理光深圳公司董事长立神先生极大的信心。有一天，立神先生从公文包里拿出一份机密人事文件，即理光深圳公司组织架构图。果然不出所料，在高管岗位上，已经全部填上了8位日本人的名字，20多个中层管理岗位上标注有HK/TW字样，而且已经有三个岗位填上了香港同事的名字。立神问刘承元，对这张图有什么看法。刘承元对聘用港台员工和内地（大陆）员工的优劣进行了对比分析，并强烈建议打破其他外资企业的惯常做法，做理光特色。

他分析说，内地（大陆）人吃苦耐劳，有闯劲，学历高，能力强。而中国港台人士一般看不上深圳的就业环境，所以愿意来深圳的普遍学历较低，能力不足，虽然听话，但守旧刻板。如果统一起用内地（大陆）人做中高层，既节省成本，又便于沟通与管理，何乐而不为？也许他认为刘承元说得有理，或者被刘承元的激情与自信所打动，立神先生同意试试，并当场嘱咐几野先生，暂停在香港的招聘工作，改在深圳做一次招聘。

刘承元马上在《深圳特区报》上刊登了一个八分之一版的招聘广告。奇迹马上就出现了，不到一周时间，竟然收到近千份应聘信，这让立神先生、几野先生非常吃惊。从这么多应聘者中选出合适者还费了一番功夫。先是根据应聘信（看照片、看字迹、看经历等）选出200多人，通知他们进行第一次面试，经刘承元面试后留下100人。然后，对100人进行笔试，筛选出50人。最后由立神先生、几野先生和刘承元对50人进行最终面试。面试结果让立神先生和几野先生喜出望外，应聘者质量很高，完全超出了预期，思维、意愿和能力明显优于港台经理人。组织架构图中标注了HK/TW字样的20多个空缺管理岗位，只进行了两次集中招聘就基本被填满。这件事，对理光深圳公司董事长立神先生震动很大，他开始调整人力资源战略，开始向刘承元靠拢，大胆起用中国内地（大陆）人，并很快提出了管理本土化的目标。

反观那些始终遵循“传统用人惯例”行事的外资企业，总是在港台员工和内地（大陆）员工的是非中纠结不清，后果十分严重，优秀的员工进不来、留不住，造成企业文化腐朽不堪。所以，理光深圳公司之所以能够成为管理标杆，与刘承元的据理力争和立神先生的坚定信任是分不开的。

慢慢地，刘承元的组织与管理才干得到展现，他负责的工作做得井然有序，令立神先生对他所负责的工作甚为满意。事实表明，立神先生、几野先生没有看错人。回想起来，刘承元总是深深地感激立神先生和几野先生的知遇之恩与倾心培养，至今他们还像兄弟一样往来。

如何跨越中日文化差异做管理

外国企业进入中国之后，遇到的第一个难题就是文化冲突。一家外资企业能否在中国获得成功，很大程度上要看最终能否实现文化融合，如果能够实现良好的文化融合就会成功，否则就会“人心隔肚皮”，相互猜忌，互不信任，管理上就会产生裂痕。

理光深圳公司也同样遇到过文化冲突问题。有这样一个例子较为典型：春节放假结束后，有几位中方职员没有按时返回公司上班。几位日方高层十分生气，建议公司一定要严肃处理，除了扣减工资外，还要按员工守则给予严重警告处分。刘承元知道，春节回深圳买火车票是件十分不易的事情，出现意外可以理解。再说，这几名员工事先还发了电报说明情况，所以建议按一般请假处理即可，无须追加警告处分。刘承元向几位日方高管苦口婆心地解释，但始终无法说服他们，因为他们不了解中国国情。双方争执不下，最后把问题上交到立神董事长那里评理。刘承元有些生气地说：“在中国，春节期间买火车票是一件很难的事，如果实在不信，不如这样：×××先生，给你配一名日语翻译，明天从深圳出发，到达某地一周内赶回来，如果不能如期赶回来，你也一并接受处罚，如何？”听到这里，立神先生马上就理解了刘承元的良苦用心，并告诫几位日方高管，关于本土文化方面的问题完全没有必要争论，听刘承元的就对了。

因为理光深圳公司的文化融合做得好，管理效率就高。刘承元还被本田公司请去做培训，培训对象是中日双方共计50名高管。培训主题是“如何跨越中日文化差异做管理？”之所以想做这个培训，是因为中日双方管理者相互抱怨多，双方都坚持认为，是对方不了解、不尊重自己的文化习惯。

刘承元在日本留学7年，对中日文化差异有一些切身体会，也经常和同学一起讨论中日文化差异的问题。为了进行专业讲解，刘承元决定逐条把中日文化差异写下来。不写不知道，一写吓一跳，写着写着，感觉这样下去，将无法得出任何结论。好在，他的经历帮了大忙，因此，他决定来一次现身说法。

课程由三个部分构成，一是让学员一起找差异，接着由中日双方员工代表上台陈述，较为详细地说明求同存异的重要性；二是阐述使用数字化管理语言的重要性，因为对数字和图表的研读没有文化差异；三是以在理光的经历为例，刘承元谈了如何实现求同存异做管理的经验。

课程开始后，刘承元简述了他在理光的管理经历，用几个具体的事例讲述文化差异的问题。听了之后，本田高管们好像找到了知音，因为他讲的事例他们都遇到过。做了简单的铺垫后，刘承元让中日双方学员分组讨论中日文化差异到底有哪些。

两个中方小组和两个日方小组进行了近30分钟的热烈讨论，每个小组罗列了十多条他们认为具有代表性的差异，比如说：中国人不爱干净，日本人刻板；中国人爱找借口，日本人态度不好，等等。之后，刘承元让四组代表分别上台阐述观点，发言结束之后，再问大家还有没有其他差异，回答是肯定的。刘承元问："既然还有，我们是不是应该接着再找一些差异出来，以便帮助大家彻底解决差异问题？"

有人提出了异议，整天讨论文化差异，哪还有时间听课呀！这正是要得出的一个重要观点，那就是，既然有找不完的差异，不如从此结束争论，不提差异更好。

接下来，刘承元通过一个小测试，让学员理解第二个重要观点：要学会使用数据图表这种超越文化差异的直观管理语言，要凭事实或数据进行管理（Management By Fact），而不能凭感觉或感受进行管理。

第三个重要观点是，理性分析双方在哪些方面有做主的优势，哪些方面拥有话语权。如技术上争执不下由日本专家决策比较合适，而针对中方员工的评价考核问题，当然中方管理者更有优势，则由中方专家来决策。这样，本田公司中日双方管理者发挥各自优势，各负其责，在管理上争执越来越少，其文化冲突逐渐得到解决，工作效率自然就提高了。

通过这个课程，刘承元开始重新认真思考管理与文化差异的问题，进而他还深入思考精益管理的中国化问题，并着手实施。

兼任理光上海公司副总经理的日子

刘承元是幸运的，幸运到令日本同事都嫉妒的程度。作为理光深圳公司本土化的代表，他几乎包揽了所有和理光集团高管交流互动的机会。

一是，集团高管来深圳，都是由刘承元负责接待，介绍理光深圳公司经营状况。二是，半年一次在日本理光集团总部的述职活动，都是由刘承元陪同董事长、总经理一起前往。三是，每周一次的日文版理光深圳公司经营快报，都是经刘承元审核签批后发往理光总部的。

所有的工作，都在全力打造刘承元在理光集团内的影响力，所以刘承元和理光总部的社长、副社长、专务及常务董事等都有不错的交情。

在中国的日本企业，经营管理大多不太理想，与其用人策略有一定关系。他们要么不做本土化，要么即便做本土化，也不彻底。

理光集团总部的高层们最爱来深圳公司，原因是这里的团队有活力，这里的工厂效率高，这里的管理有创新，总之，这里散发出无限的磁性，吸引着理光集团所有人的目光。与理光深圳公司相比，理光上海的管理就差很多，少有突出的地方与亮点。人们开始议论，同样的理光技术，同样的本地员工，同样的日式管理传统，为什么会有这么大的差距呢？人们百思不得其解。最后想出来的办法是，让刘承元到理光上海去试一试，也许会有意想不到的好结果。

2000年初开始，刘承元用了将近一年的时间，牛刀小试，尝试用一己之力改造理光上海公司。在刚刚接到这个任务的时候，刘承元也有顾虑，因为他对理光上海的情况并非一无所知。之所以上海的管理不如深圳好，是有诸多原因的。比如，深圳员工以外地人为主，比较珍惜工作机会，所以好管一些。而上海员工以本地人居多，比较难管，特别不爱吃苦，不爱加班，等等。但是，考虑到自己未来的职业发展，刘承元认为，一定要抓住这个学习和实践的机会，就答应下来了。

据刘承元回忆，他去了理光上海之后，被任命为副总经理。但是他告诉小林董事长，自己需要上海、深圳两地跑，不能每天都待在公司，所以建议不担任具体的业务，只负责推动团队革新、调动员工积极性这一件事情。小林董事长欣然同意了，因为这件事情本该是董事长和总经理做的，但是做得不好，由刘承元代劳再好不过。

此后，刘承元没有急着新官上任三把火，而是到处看看，找人聊天，力求摸清一支队伍“水面下”的人心向背。经过1～2周时间的了解和理性观察，基本上断定了理光上海公司存在的根本问题在于：一是公司中高层没有沟通对话机制，造成中日双方员工互不信任，日方员工抱怨中方员工不负责任，中方员工抱怨公司不守信用；二是中方员工缺少组织与协调，团队一盘散沙，缺乏纪律性；三是没有引导并约束员工参与改善的管理标准和活动机制。

摸清了问题的脉搏之后，就可以有针对性地解决问题了。首先，在刘承元的主持下，小林董事长和中方十多名骨干员工进行了对话，把双方的抱怨说出来，也允许对抱怨进行申辩。最后，由刘承元进行总结，并进行一次清零处理，即消除误解，约定处理结论。例如，日方员工抱怨中方员工不负责任，是因为所有人5点半雷打不动下班，即使手头事情没有做完也要下班。中方员工申辩的理由是，浦东回浦西班车的出发时间是固定的，一分钟都不能等，所以中方员工也没有办法。约定处理的办法是，告诉租车公司，由于工作需要发车时间会有30分钟的弹性，由中方员工具体通知发车时间。又比如，中方员工抱怨公司不守信用，是因为答应的晋级、调薪没有实施，答应把骨干送到日本学习，也没有兑现，等等。改善办法有两个：一个是马上出台“晋级、调薪制度”，约定每年实施一次，而且要形成惯例；另一个是部门经理级别员工每人带一个小组做改善课题，半年后评比，评比结果靠前的30%，去日本学习1～2周。在此基础上还规定，由人事行政部负责落实每周一次的董事长午餐会，有事说事，没事聊天。

后来的结果证明，理光上海公司的管理变革是成功的。由此可以得出一个结论，同样的理光管理文化，在深圳，在上海，最后都可以结出不同的硕果，具有深圳特色、上海特色。

理光深圳公司成为标杆后的荣光与自信

理光深圳公司能够大获成功，甚至达到可以输出管理的水平，得益于如下几个因素：一是，第一任董事长立神先生的本土化政策；二是，打造了一个勇于改善创新的优秀本土团队；三是，把源自日本的精益管理思想与中国企业管理实际进行了有机的结合，形成了理光深圳公司独有的精益管理文化。

／ 从内部讲，理光深圳公司成为标杆

有多个典型事件：一是对理光集团的产品增长贡献最大，因为深圳产品在欧美市场上大卖，最多的时候市场占有率达到40%以上，超越了佳能、富士施乐等同行对手；二是生产效率最高，与日本本土工厂相比，有过之而无不及；三是员工队伍积极性高，在改善参与率方面几乎达到100%，全球最高。

／ 从外部讲，在深圳周边地区，理光深圳公司的口碑很好

其本土化、中日文化融合以及精益管理等备受推崇，慕名来参观的学习者络绎不绝。后来，理光深圳公司还成了深圳市政府指定的国宾接待单位之一，许多国内外尊贵的客人都来这里参观，给客人留下深刻印象，成为深圳对外的一张名片。

令刘承元记忆犹新的是，时任古巴国务委员会主席菲德尔·卡斯特罗一行访问理光。当时，为了接待好卡斯特罗先生，深圳市政府很重视，刘承元和理光本土团队也做了充分的准备，对参观通道以及改善能手的定点讲解等都提前做了精心布置和训练。

当一身绿军装的卡斯特罗先生来到工厂之后，本来应在会议室稍作停留，喝茶交谈，但他摆摆手说，不用了，直接看工厂。70多岁的卡斯特罗先生身材挺拔、精神饱满，每次听完一线改善能手的介绍，他都会积极回应：Very Good！最后的评价是：Chinese worker great！

理光深圳公司已在深圳有了较大的名气，这与刘承元的努力与取得的成绩有很大关系。刘承元也因为在理光深圳公司的巨大成功，收获了自信。

4

导师的力量：从世界五百强『管理取经』

长期的经营管理实践，让刘承元对经营和管理的本质有了独到认识与理解。经营的本质是“创新与改善”，目的是“育人”。管理的本质是“管控和维持”，目的是“造物”。

与立神先生亦师亦友，学会经营全局

人们一般以为，日本人低调、腼腆和彬彬有礼，态度不太鲜明，遇事总是“研究研究”……但是立神先生却截然不同，他是一个典型的性情中人，性格豪爽，幽默风趣，特别爱讲笑话，遇事果断，从不拖泥带水。

立神先生是中途入职理光的，属于社招，学历不高。他从小就认为自己既有音乐天分，又有领导能力，所以高中毕业后，就从事音乐工作，在东京组建了自己的乐队，梦想自己能成为有名的音乐人。他天天到街头免费演出，等待被发现。虽然他十分投入，激情满怀，但终究没有成功。仅坚持一年多时间就弹尽粮绝，乐队被迫解散。

／ 立神先生是完全靠自己打拼走出来的

立神先生从最底层一线员工开始，一步一步成长起来，一直做到理光集团高管。他的职业经历十分完整，所以他在经营和管理上的认知、表达和做法都十分接地气。他曾对刘承元说过这样一段话："理光深圳公司要做到第一，其实不难，只要我们三个（立神、几野、刘承元）都做到第一就行了。作为一把手要做到的第一，我都做到了。一是高尔夫第一，我做到了；二是卡拉OK第一，我做到了；三是身体力量第一，我做到了。只要你们两位把公司管理做到第一，我们就赢了。"

他说的几个第一是真实存在的，并没有夸大其词。他的高尔夫是非专业球手里面非常专业的，在深圳日企老板里根本没有对手，在他的办公桌上还放着一杆进洞的奖杯。他以年轻时乐队经历为底子，唱歌水平确实很高。立神先生身体一直很好，在中学时，他专门练过跆拳道，后来还是理光跆拳道俱乐部的教练。可见，立神先生是一位"德智体"全面发展的经营管理者，是一位好导师。他经常用简洁明了的语言，表达他深刻的管理思想，有哲理，能落地。刘承元和他一起共事9年多时间，深得立神先生真传。

／ 在员工纪律管理方面，立神先生倡导靠智慧，管理要简单，避免复杂化

比如，针对员工在公司内打架，公司规定：伤人的或影响正常工作秩序的，积极治疗后一律除名（有多个证人证明被打不还手的除外）。相互推搡等程度轻微的，只要双方愿意相互道歉认错，可以不除名，但要记大过处分，三个月内重犯的要除名。有一次，有两名员工在公司外面打架，希望公司调查后处理。刘承元找到当事人，两个人都说对方先动手，自己是打不还手。要不要动用各种手段进行调查，并依调查结果进行处罚？立神先生说，不用，在公司外打架应由公安机关处理，所以

告诉他们，要么选择和好，要么选择去派出所报案。

／ 在帮助供应商提升方面，立神先生善施巧力

有些供应商交货不及时，但月度结款倒是毫不含糊，立神先生会让财务列一个最近数月款项请求时间表，让采购做一份最近数月货物延迟交付时间表，然后把供应商老板请来，把收集到的结果给他看：货交不了，收款还挺及时的，以后能不能像提交货款申请单那样及时交货呀？

如果发现有的供应商质量总是出问题，他就会找财务，让会计找出这家供应商货款申请单上的错漏。然后，同样把供应商老板请来，面对面告诉他，就连货款申请单都做不对，产品质量肯定是做不好的，能不能再用心一点做事情？如此这般，时间长了，供应商老板都十分崇拜立神先生，而且特别重视对理光深圳公司的质量和交付。

在谈到标准化管理时，立神先生始终强调一个重要的辩证观点。他说：“标准就是拿来改的，要是有什么事情可以一成不变的话，就不需要做标准了。”这个观点有两层意思。一层意思是说，针对那些不变的作业或工作，如果能够进行足够训练，就可以把它转化为规定动作，就可以不做标准。比如，在理光深圳公司，年初制定经营战略，每月召开月度质询会等都没有标准支持，它就是一个惯例。另一层意思是，在管理中，不变是相对的，变是永恒的。

在向管理者布置任务的时候，他最爱做的一件事是，提问：什么时候做完？然后在笔记本上记上时间。最令人感到有压力与紧迫感的是，他到时间就会拿着本子找你要结果。针对那些没有特别时间要求的重要

事项，他最常讲的一句话是："在我退休前做好就行了。"但是所有人都知道，这是立即、马上的意思，没有别的选择。因为立神先生的执行力很好。

为了训练管理层养成关注细节的良好习惯，他每天早上上班的时候就做一件事情，用单眼瞄办公室通道前的一排文件柜。哪里的柜子歪了，就指示哪排的领导过来扶正。几天下来，刘承元感觉立神先生对柜子是否摆放整齐有点小洁癖，就好心建议，可以在柜子下面加一个固定螺丝，这样柜子就不会移动了。但是立神先生却说，一旦把柜子固定下来了，管理者的意识就松懈了，所以是不能固定的。等到随时都有人想着把柜子扶正的时候，管理的目的就达到了。这是修炼员工素养的好办法，值得学习借鉴。

和立神先生共事多年，刘承元总结后发现，作为企业经营者并不需要事事亲力亲为，但需要抓好几个关键点：一是敲定战略的时候，一定是采用民主集中制，有利于高层统一意志；二是抓战略落地的时候，要雷打不动地做好月度质询，想方设法帮助部门管理者实现目标；三是在组织管理的时候，设法在员工招用、评价和晋级管理等方面做到程序公正；四是细节管理和员工激励，专门管那些没有人管的事情，如厕所没有纸的问题，地面油漆脱落没有，脱落了有没有及时修补，地面上掉了一颗螺丝，有纸皮进入装配车间，等等。在各个管理现场实行走动式管理的时候，他有两副面孔，对管理者严格要求，对一般员工亲切关怀。立神先生做得最多的一件事是，让刘承元带着他，到有改善的员工面前表扬、欣赏、拍照或合影。这是立神先生和刘承元的一个固定节目，效果非常好。

总之，经营企业就是要做好三件事：守住规定动作，推动改善行动，建设良好（有利于员工心智、意识和能力成长）环境。这三件事都是挑战人性的，可以说，经营企业归根到底就是经营人性。

拜饭田先生为精益导师，体验人性经营的奥妙

理光深圳公司创办两三年后，就有一定名气了。集团总部的领导都会到深圳来看个究竟，看完后，总会把中高层集中起来，讲一些鼓励的话。多数领导都是例行公事地讲官话，讲套话，只有饭田先生不同，他会讲思想、讲精益、讲问题和提建议等，而且激情满怀，散发出一种特有的魅力。

有一天，刘承元向董事长立神先生提了一个要求，想拜饭田先生为师，向他学习精益管理。立神先生有些为难地说：“饭田先生是理光集团常务董事，平时很忙，估计不行。不过我可以把你的意思带到。”令刘承元意想不到的是，饭田先生竟然爽快地答应了。就这样，刘承元有了精益管理导师。

饭田先生中等身材，面目清秀，十分和蔼可亲，很有导师风范。他除了在集团有职务之外，还兼任生产耗材的理光沼津公司一把手。他还是沼津市的名人，主要体现在三个方面：因为他经营的理光沼津公司管理做得好，名声远扬，公司也成了著名工业旅游基地，几乎每天都有旅

游团到这里观摩学习；因为理光沼津公司在建设零垃圾工厂和实现企业社会责任方面表现优异，他是积极推动者；因为他是当地报纸的专栏作家，多年来笔耕不辍，在当地很有名气。

总之，饭田先生是一位德高望重的长者，是一位出色的世界级的精益导师，他能把理光管理得那么好，足见其有非凡能力。

作为精益导师的饭田先生，曾经为刘承元安排了一次为期两周的学习活动。在学习之前，公司的接待和第一天的工厂参观活动就让刘承元受益良多，终生难忘。

1995年春节后的一天，刘承元乘飞机来到东京，走出机场时，负责接机的总务部员工和司机已经等在了出口，手里举着欢迎牌。从机场出发前往酒店的路上，这位员工一直在介绍沿途的风光，感觉比职业导游还专业。到达酒店之后，她告诉刘承元，晚上饭田先生会请他一起用餐，时间还早，可以先回房间休息一下。说话的时候，她还顺手递给他一个信封。到了房间，简单洗漱之后，刘承元打开信封，里面有三部分内容：一是由总务部长签发的欢迎词；二是两周时间的详细学习计划；三是温馨提示，内容应有尽有。如未来两周时间的天气预告、当地的治安情况和酒店附近饮食店情况、酒店周边的地图、紧急联系人及其电话等，安排得很细致。

第二天早上他被接到工厂。在大门口，一位温和的大伯迎了上来，并告诉刘承元："昨天就知道您今天要来公司，所以今天早早就挂上了贵国的国旗。"后来得知，沿途风光讲解、迎客信件以及挂国旗都是行政部员工精益管理中的一些小创意、小改善。

刘承元进入公司见到了饭田先生。寒暄之后，饭田先生指示身边的企划部长，对刘承元不要留死角，全面开放……随后，由企划部长带着刘承元开始了两个多小时的工厂参观。

在所参观的所有部门里，无一例外地都会介绍部门值得骄傲的“景点”。从前只知道城市有景点，风景区有景点，工厂里面有景点是第一次看到，刘承元仔细看了后发现：这些所谓的景点，就是现场看得见的员工改善成果。目不暇接的改善景点，让刘承元感受到了理光深圳公司在管理上与其相比存在着巨大差距。

每一个部门的墙上都挂着许多管理看板，看板的内容十分丰富，主要包括：企业和部门领导提出的理念方针、目标和计划等，部门关键管理指标推移图，还有大量的员工改善案例。这些内容相互关联，互为对照。回想理光深圳公司的看板，上面大多是通知、告示之类的，并无“内容”可言。

参观过程中，有一个30多米长的改善墙令人印象深刻，这面墙规划成春、夏、秋、冬四个区域。第一个区域是春天，春天是播撒种子或孕育思想的季节。这里张贴着公司老总的理念、思想和目标，员工们认真学习、积极思考和规划未来的图片和文字。第二个区域是夏天，夏天是辛勤耕耘和积极改善的季节。这里记录着许多感人的员工动手、积极改善的场面。第三个区域是秋天，秋天是收获的季节。这里展现着员工大量的改善案例，除了巨大的改善金额之外，还收获了企业和员工意识与能力的成长。第四个区域是冬天，冬天是总结和思考的季节。在这里他们指出，如果地球有一天无法承受，单个企业做得再好也没有意义。他们提出的目标是，用三年的时间创建一个无垃圾工厂。三年后的1998年，他们兑现了承诺，这家数千人的工厂向公众承诺，用三年时间实现“零垃圾”目标，这是一个了不起的壮举。

在生产管理部门，刘承元看到了一份“百米长卷”，记录着过去10

年持续开展的一项改善活动，即库存低减的卷纸分析改善。打开长卷，看到最里面发黄的纸上写着当时的状况、问题点等。这个改善课题立项之后，成立了跨部门的改善团队，他们以不屈不挠的精神，每半年至少经历一个改善轮回（即PDCA改善循环），使得原材料和产品库存连年快速减少。令人感动的不是改善后库存变得多么少，而是朝着零库存的目标迈进，这是他们10年持续不断的信念追求。

最让人难忘的是这家企业里一张张亢奋的脸庞，看得出来，他们对自己的工作充满激情，他们对自己的改善满怀成就感，他们十分享受在这里工作。

回到深圳后，刘承元暗下决心要以日本理光为楷模、为标杆，学着做改善，并一定要做出优异成绩。这一做就一发不可收拾，几年下来做了大量改善案例，一年一个大台阶。这项活动已持续多年，已经成为金字招牌。后来到理光上海公司推广精益改善活动。再后来，刘承元和伙伴们出来创业，成立了管理顾问公司，辅导更多的企业做精益改善，让更多的企业受益。

饭田先生是一位有激情、有情怀的管理导师，他始终主张要做好企业经营，就必须设法调动员工积极性，让员工快乐工作，快乐改善。在公司办公楼门前的石碑上刻着三行文字：锃亮的设备、快乐的工厂、活力的员工！生产车间里面到处洋溢着春天的气息和青春的活力，所有到过理光沼津公司的人无不赞叹不已。

在如何营造和改善良好的工作氛围方面，饭田先生对刘承元也是有一说一，耐心指导。有一次，饭田先生调侃刘承元说："你30岁的人，管出来的企业怎么像60岁？"意思是说，刘承元管出来的理光深圳公司员工老气横秋，暮气沉沉。他又问刘承元："你猜猜看，我60岁的人，管出来的企业像多少岁？”就在刘承元非常困惑的时候，饭田先生接着说：“像6岁。在人的一生中，最美好的年龄是6岁，刚刚懂事，没有压力，天真烂漫！”饭田先生的意思是说，如果你有心像办幼儿园那样做管理的话，那么企业文化氛围就会很好，员工就能快乐无忧，创意无限！

当然，饭田先生经常会强调，如果你们以为快乐无忧就是让员工随心所欲、自由散漫，那就错了。他要的是一种激情四射、充满活力、快乐无忧、创意无限的工作状态。

对经营和管理本质的深刻领悟与实践

在理光的十年职业历练对于刘承元来说，太重要，也让他有了较为全面的锻炼，让他受益匪浅。除了几位上司、导师给予刘承元的辅导和传授之外，公司同时还把多个重要部门授权给刘承元，让他有机会在多个部门进行实践，积累经验，增长才干。当然，这和刘承元的好心态是分不开的，他愿意拿一份工资，干多份活，而且乐此不疲，毫无怨言。这几份工作是，生产管理部（含计划、调度、物流和IT）、人力资源部（含人事、行政和后勤）、经营革新部和事业企划部。长期兼任这些部门的工作使他变得见多识广，在工作中有虚有实，既志存高远，又脚踏实地。如此这般较为全面的职业修炼，越到后来越能体会到它的重要意义。为此，刘承元对立神先生、几野先生的良苦用心和精心栽培，感激不尽。

长期的经营管理实践，让刘承元对经营和管理的本质有了独到的认识与理解。所有这些认识对于刘承元今天的事业发展有着重要而又积极的意义。

经营的本质是“创新与改善”，目的是“育人”。企业的经营活动，关键要做好三件事：一是做好顶层设计，包括战略和组织管理；二是进行职能授权，包括销售、生产等任务导向，以及效率和效益等创新导向职能授权两大类；三是通过改善创新、环境建设和质询辅导等落地活动，帮助部门或团队实现目标。部门或团队目标实现了，企业目标也就实现了。

管理的本质是“管控和维持”，目的是“造物”。企业管理活动，也需要做好三件事：一是做好生产计划，包括销售预测、产能规划和财务预算等；二是依据标准，对销售、研发、生产等流程及其结果进行管控；三是做好异常管理，并及时进行纠正或补救，以便按计划完成销售和生产任务。

为了提高企业经营和管理效率，优秀企业都设了两个重要的部门：一个是负责推动“育人”机制运营的“经营革新部”，另一个是负责协调“造物”系统工作的“生产管理部”。

遗憾的是，在国内许多企业里面，要么没有这两个关键部门，要么这两个部门的职能被弱化到可有可无的程度。也就是说，在国内许多企业里面，既没有认真做经营，也没有好好做管理，企业竞争力当然无从谈起。

十年的理光工作经历，使刘承元深知这两个职能缺失，会给企业经营造成的严重后果。众所周知，生产管理部门主要是负责计划、调度和物流管理等工作的。它的作用，相当于机场里的控制塔。可以设想，如果机场没有控制塔，或者控制塔缺乏权威，或者控制塔没有制定控制规则，后果将不堪设想。可以说，国内绝大多数企业都存在或者没有生产管理部（计划调度），或者缺乏权威性，或者没有控制规则等问题。结果是，无法按期完成订单交付，严重制约效率提升，等等。

经营革新部的主要职能是，持续推动企业变革，促进全员参与创新和改善，提升企业经营绩效。它的作用相当于指挥一场战役的参谋部（指挥部），每一场战役都是全新的，而且无法重来，需要战略、战术和最小作战单位的改善和创新。进行一场没有战略、战术和作战创新的战役，是很难取胜的。所以，企业要是没有推动创新和改善职能的话，团队就会形成惰性，缺乏战斗力和改善力，制约着企业发展，企业也难以永续经营。

身兼多职，刘承元管理思维与改善思维兼得

由于刘承元同时担任多个部门的管理工作，有些部门要求以“维持”为主要目标，发挥管控职能；有些部门要求以“改善”为主要目标，发挥创新职能。比如，生产管理部、人力资源部属于前者；而经营革新部和事业企划部就属于后者。刘承元长期兼任这两类部门的工作，慢慢地会同时拥有两种思维：一种是管理思维，另一种是改善思维，这两种思维都非常重要，缺一不可。

一般来说，为了提高系统效率，可以考虑两种方案：一种方案是，不改变系统的结构，通过对系统的巧妙运用和有效管控，以较少的代价获得较多的利益；另一种方案是，改变系统结构，以便提高效率或效益。可把前者称为管理思维，把后者称为改善思维。

所谓管理思维，就是在不改变现有系统结构或设计参数的条件下，通过改变系统的运用方法来达到提高系统效率的方法。例如，某日，品质部接到客户关于××的质量投诉，品质部协同生产部调查问题发生的原因，结论是员工疏忽造成的。随后的对策是，对当事人进行警告和再

培训，并要求对这个工位加强检查。

所谓改善思维，是通过改变现有系统结构或设计参数来达到提高系统效率的方法。针对同样的品质投诉，拥有改善思维的人可能会马上思考有没有“防呆”“防错”的办法，从根本上求得问题的解决，以便让问题不再发生。也就是说，他并没有去追究标准、制度的不足或员工责任，而是期望通过改变系统的结构来实现问题的解决。

简言之，就是把“不改变工具、机制和方法”当作解决问题的条件，并使问题得以解决或缓解的就是管理思维，反之就是改善思维。

在企业经营管理实践中，不管是专家、学者，还是企业经营管理者，大多属于管理思维，都乐于或善于处理管理问题。那就是，在遇到困难或问题的时候，人们习惯性依靠制度、管控或鼓足干劲来应对，以图从困难或问题中摆脱出来。其结果是，制度越来越多，条款越写越细，管控越做越“好”，并最终形成一种特殊的管控文化。渐渐地，那些善于照章办事，并能经受管控考验的人逐步成为团队的核心。

经验告诉人们，以上两种思维都有存在价值，而且都可以为己所用。但是值得警惕的是，随着时间的推移，绝大多数企业都会自觉不自觉地滑到管理思维主导的“邪路”上去。

提升系统效率和管理思维、改善思维之间的关系可以用以下公式来表达：

提升系统效率A = 改善系统结构B × 优化系统运用C

／ 改善思维　管理思维

从公式中可以看出，在经营管理活动中，要获得高效率或高收益，必须同时拥有管理思维和改善思维。由于公式中的B可以任意取值，C取值范围是0～1，如果没有改善思维，即便把系统运用优化到极致，人们也会发现，系统效率是受限的。理解了这个道理之后，人们或许会意识到改变系统结构的重要意义。所谓“效率改善无极限”说的就是这个道理，即B的取值是不受限的。

改善思维和改善活动通常是积极向上，且令人愉快的。但是，可能经常伴随着失败，而且见效较慢，因此必须以积极良好的心态面对改善。当然，改善一旦开始获得成果，就较容易形成良性循环，持续下去还会形成生生不息的改善革新文化。

而管理思维和管理活动，通常直接对人采取措施，多数员工可能会感到不快或有挫折感。尽管通过管控可以快速见到效果，但效果有限，而且很难保持。如果过于执着于管理思维和管理活动，久而久之就可能对企业文化造成伤害。

一般来说，当企业经营状态良好，顺风顺水的时候，人们心态积极，愿意采取改善思维的较多。人们经常能够看到这样的状况，越是优秀的企业，制度管控越宽松，企业领导站得高，看得远，不急于求成，激发多于管控，并期望通过帮助员工成长来达成企业目标。相反，当企业遭遇恶劣环境或经营困难的时候，企业领导可能会变得焦虑不堪、短视和急于求成，倾向于研究制度和管控上的缺陷，并期望通过管控来改善经营绩效。

在不同经营环境下，企业领导做出不同倾向性选择无可厚非，但无论如何均需要注意的是，要把握好改善思维和管理思维之间的平衡，特别是管理思维不能成为主流，这是管理艺术。企业领导要善于把握好两者的平衡，这样，才能让企业始终能健康地向前发展，同时，也能让企业走向至善至美。

如果把改善思维比喻为足球比赛中的进攻，那么管理思维就是防守。既然这样，就要懂得进攻和防守之间的辩证关系，没有防守不行，没有进攻更不行。因为只有防守没有进攻就会被动挨打，进攻是最好的防守；但是只有进攻没有防守，就有可能遭遇黑色三分钟。由此思考出发，刘承元认为，在经营管理实践中，必须设法规避最容易出现的三种错误倾向：

一、要警惕管理思维依赖症倾向。人们之所以较容易滑向管理思维，甚至产生对管理思维的依赖，是因为管理思维要比改善思维来得简单，而且往往有章（书本知识、规章制度或标准等）可循，有较为固定的“三板斧”，即制度、培训和管控（监督、考核等）。

二、要警惕对改善求全责备的错误倾向。由于改善后的新系统往往在运用上存在不熟练等因素的局限，需要人们更多的包容和呵护。许多企业不能形成革新改善文化，问题就出在人们对新系统求全责备，最可怕的是企业高层也常常抱怨怎么新系统还不如老系统有效率。在一家因循守旧、不思进取的企业里，老办法永远比新办法更有口碑！

三、要警惕把管理思维当成改善思维的错误倾向。人们经常听到企业领导关于生产效率不高，浪费严重的抱怨。在管理实践中，许多人包括专家、学者都会认为解决这类问题最好的办法是让员工收入与工作结果直接挂钩，如导入计件工资制。人们认为这是改善思维，其实这是典型的管理思维，因为在这个过程中，生产的系统结构没有任何改动。

导入过计件工资制的企业都知道，为了使计件工资制具有可操作性，必须出台大量关于工时测算和工时单价核准等的办法和制度，一连串的管理活动也应运而生。计件工资制导入后，会获得立竿见影的效果，但效果是有限的，不能持续提高。而计件工资制会带来致命的副作用，具体表现如下：员工开始自行其是，不再听从管理者安排，对没有钱的事务提不起兴趣。这样下去，员工终会成为阻滞生产方式变革的障碍，生怕既得利益受到损害；公司和员工需要常常就工时、工价等展开博弈，谁也不愿在博弈中吃亏，最终损害企业利益，可见，计件工资制弊端的确很多。

进取的精益中庸之道

“精益中庸之道”方法论是刘承元首创的，而“进取的精益中庸之道”方法论，更是他在长期的精益管理实践中的感悟。

《中庸》是指儒家的道德标准，中庸，中用，庸古同用。《中庸》原文对中庸的定义是，“喜怒哀乐之未发，谓之中；发而皆中节，谓之和。中也者，天下之大本也；和也者，天下之达道也。”意思是说，所谓“中”，即内心没有情绪，保持平静、安宁、祥和的状态，是天下万事万物的本真；所谓“和”，是指在情绪产生时，内心能够保持不受情绪的影响和左右，则是天下最高境界的道。所以，中庸成了人们修身养性或修行的目标。

后来，因侧重点不同或领域不同，对中庸之道又有了许多不同的解读。比如，中庸之道，是指不偏不倚，折中调和的处世态度，出自《论语·庸也》：“中庸之为德也，其至矣乎。”又比如，中庸之道，是指在处理问题时不走极端，而找到折中妥帖办法的行为模式。总之，中庸之道讲究不走极端，不偏不倚的“平衡”哲学没有变。在精益中，为了让企业走向至善至美的经营管理至高境界，就有许多策略和方法需要讲究不走极端、不偏不倚的“平衡”。由此，刘承元认为，用精益中庸之道来表达精益中的这种哲学思考，是很贴切的。

曾经有一位日资自动加工装备公司老总感慨，最近日子很不好过，公司订单日渐减少，盈利越来越难。问其原因，他抱怨说：“自从数年前中国本土企业掌握了这类装备生产技术之后，以低价策略抢占市场，在价格竞争中抢走我们大部分订单。”与其进一步交流后，他又说：“国内企业报价要比我们便宜50%，甚至更多。”他很委屈地争辩说：“我的报价是高，但我的机器使用寿命至少要比那些便宜货使用时间长2倍以上（至少能用15年），为什么不选我的产品，真想不通……”

显然，这位日企老总不懂“精益中庸之道”方法论，更不懂“进取的精益中庸之道”方法论。他的问题出在，并没有真正了解当下客户对产品使用寿命的期望，以为自己无限追求使用寿命是天经地义的，并没有做错什么。而事实是，在产品使用寿命和成本之间产生矛盾的时候，客户是有取舍的。也就是说，为了成为竞争中的赢家，要依照“精益中庸之道”方法论思考问题，并设法平衡使用寿命和成本（价格）之间的关系，既要保障产品使用寿命能够满足客户期望，又要在价格上保持竞争优势，即要有较高的性价比。

在日常生活中，也不乏同样的例子。比如，前些年的诺基亚产品质量十分过硬，听说其手机能够砸核桃，锤钉子，曾被传为佳话。但仔细想想，好像大可不必，手机并不是越结实越好。再比如，有人号称其手机经久耐用，10年不坏，那也是多余的，从当下来看，手机并不是越耐用越好。又比如，飞机的安全性要求很高，大概有人会想，可否给每个乘客准备一个弹射降落伞，一旦飞机发生故障，可以像军机一样把乘客弹射出仓，救下人命。现实中，设计师和制造商为了平衡成本等因素，并没有这样做……这里面都涉及平衡的问题，也就是“中庸”的思维。

同样的现象，也发生在精益管理的诸多方面。

精益中追求零库存，但库存的多寡与订单交付之间需要维持一种平衡，在管理水平不变的情况下，并不是库存越少越好。也就是说，为了保障订单准时交付，就必须允许有一定量的库存存在，否则交付延迟问题就会大面积发生，这就是针对库存的“精益中庸之道”方法论。但是，必须指出的是，人们在尊重这种平衡的同时，要不放任这种平衡的一成不变，并不断改善管理，消除各种异常（不良、停机等）因素，缩短生产周期，以便达到用更少的库存来保障订单交付。这就是所谓的“进取的精益中庸之道”方法论，即精益改善不断打破“旧平衡”，建立“新平衡”。

精益中追求高质量没有错，但在成本和效率因素制约下，质量并不是越高越好。比如，采用最好的材料、最好的工艺和最严格的产品检查等，固然可以提高产品质量，但可能失去成本优势。正确的做法是，试图以可以承受的较低成本，使产品质量能够较好地满足客户当下的要求。如此中庸的一句话，却是企业经营者必须拥有的辩证思维，追求质量和成本的平衡。当然，随着时间的推移，如果放任这种平衡的存在，终究会造成客户的抱怨。人们必须不断改善管理，深究并消除引起质量问题的各种原因，同时实现降低成本和提高质量两个目标，在满足客户需求的同时，保持成本竞争优势。

精益中追求准时配送，这也没有错，但是如果无限压缩配送间隔时间就可能造成浪费。也就是说，实现准时配送是为了节省生产空间占用和提升反应速度，提高经济性，但配送次数过多就可能损害经济性，它们是一对矛盾，需要平衡。同理，人们可以通过简易自动化等低成本改善或投入来逐步化解这个矛盾，从低水平的旧平衡走向更高水平的新平衡。

精益中追求一个流或单件流生产，是不是就只能是一件一件流呢？回答是否定的。追求一个流，是目标，是方向，但到底流动批量多大合适，还需要衡量经济性。当然，如果能够通过改善，在不损害经济性的前提下，流转批量肯定是越小越好，直至实现真正意义上的单件流。

精益中追求低成本，也是应有之义。但在提升质量、开源增效、保障安全、绿色环保和员工满意等要求面前，降低成本是要受到制约的。也就是说，某些可能引起相关方不满，或者可能影响开源增效的节流降本行为要慎之又慎，甚至要加以避免。

如此种种，在企业经营管理过程中，存在着许多相互制约的矛盾体，并在运行中维持着某种平衡。精益的目的就是，打破系统既有的旧平衡，并通过改善，提高对矛盾体的管控能力，从而让系统走向更高水平的新平衡。这就是“进取的精益中庸之道”方法论之精髓。

员工爱找借口，不讲真话，领导要反省什么

经常有企业领导抱怨，自己的员工爱找借口，不爱说真话。每当这个时候，刘承元就会建议企业领导做一下自我反省，想一想自己的态度是否出了问题，公司的文化是否出了问题。

假如你是一个员工，公司领导给你一个任务，让你从1开始，按照1、2、3……由小到大的顺序写数字。公司采取的是多劳多得的计件工资制，所以你要尽可能多地完成任务才能获得较高的报酬。在开始这个写数字工作之前，请你凭经验或直觉想象一下，这么简单的事情，你是否能够做到既快（效率高）又好（不犯错）？

人们经常会听到管理者这样抱怨："在我们企业里，员工连许多最简单的工作都做不好，而且还重复犯错，让人十分痛心。"在抱怨的同时，稍不小心还会捎带着对某些人群的指责。这样的抱怨，到了专家嘴里，就变成了"所谓的能力问题，都是态度问题""一切的低级错误都是责任心问题"，这是典型的成功学表达。在现实生活中，许多成功学观点是十分荒谬的，但却特别受欢迎，值得人们深思。

刘承元是位信奉精益的专家，崇尚科学方法，相信人“性本善”。而且，他长期和企业经营层、管理者以及基层员工打交道，知道现场工作的艰辛，懂得经营管理的不易，更清楚这一错误思想对企业管理造成的危害，所以不得不进行一次理性批判，以正视听。

如此这般的成功学表达之所以能够大行其道，主要有这样一些原因：一是，成功学老师的“无知者无畏”或有意为之。人们都知道，成功学老师大都是研究心理学的，知道如何迎合人们的心理需求，以便让听众或读者产生共鸣。成功学老师通常都会罗列大量事例（也许是真的）予以佐证，而且言之凿凿，容不得听众或读者有半点怀疑。二是，由于多数人缺乏科学和探究精神，思维懒惰，也不愿去寻找反证的例子，选择相信最简单，有共鸣，很享受。三是，所有人都有一个倾向，那就是不想对坏结果承担责任。成功学老师读懂了这一点，进而引导人们用下属或他人的态度、责任心来解读坏结果，语言简练，容易记住，而且无须任何科学推导，“一剑封喉”。

诸如“一切的低级错误都是责任心问题”等表达的严重危害在于，让人们放弃追问“能力问题”背后的原因（企业对员工的培养）和责任，让人不再研究防范“低级错误”的科学办法。也就是说，这类忽悠人的成功学表达，阻碍着人们对问题进行科学思考和解决问题办法的探究，让人无意中失去了提升能力和防范错误的机会。不仅如此，更可恶的是，企业针对员工犯错还会出台各种惩处的管理办法，使企业文化走向腐朽。

有一家企业老板抱怨，公司某个重要小零件总是对不上数（缺数），就问刘承元有没有好的管理办法。刘承元问他，这个零件是不是容易损坏。他说：“是的。”刘承元再问他：“对于损坏，公司有没有针对员工的处罚措施？”老板的回答是肯定的。最后刘承元指出：“这个小零件损坏后一定是被‘抛尸’了吧，所以数字对不上。”这位老总很吃惊，连忙说：“正是，正是。”

由此，问题就搞清楚了，怎样解决好呢？如果依据成功学观点，这一定是员工态度问题。针对态度问题，可以用两个方法尝试解决：一个是通过说教或培训，另一个是进一步“强化管理”，安装监控摄像头，将摄像头对准作业者。若是这样，管理效果可想而知，要么是培训后不了了之，要么是引起员工反感，继续猫捉老鼠的游戏。

相反，如果拥有精益思维，他们要做的是，包容犯错员工，对员工讲明“问题是机会”的道理，并从人资政策上约定，对暴露问题的做法加分，对解决问题的行动予以奖励（精神和物质）。如此做法不仅能够收获管理效果，而且还能够促进员工愉悦成长，一举两得，皆大欢喜。

不同的管理，注定产生不同的结果，后者才是企业走向卓越的精益管理之道。这样两种不同的管理理念、管理方法，其境界高低就不言而喻了。

大道至简，走向经营人性的高境界

管理是一门技术，更是一门艺术。说它是技术，是因为管理讲究科学，需要使用冷冰冰的数据，有着自身一套独特的可落地的理论体系；说它是艺术，是因为管理研究人性，挖掘人性，需要依靠暖融融的情绪感染人、激励人。

刘承元发现，要把企业员工发动起来，实现全员自主管理，靠制度不行，要靠充满人性的方法与机制。而好的管理机制着眼于对人性的尊重和对潜能的激发，引导人性向善向美，才能改变一个人，改变一个团队，改变一家企业。例如，企业导入精益管理的时候，有的部门经理配合；有的部门经理不配合，他们把配合的、做得好的评为“金牛奖”；把不配合的、做得差的评为“蜗牛奖”，并要求部门经理把奖牌挂在其办公室门口最显眼的位置。

可以想象，自从挂上“蜗牛奖”的奖牌后，落后部门的经理会觉得很不自在，面子上挂不住，而且还时刻准备着如何化解被问时的尴尬，压力如山大。这样做其实没有罚，却比罚更有效，还能激起人们知耻求荣的强烈愿望。当然，这样做需要把握好尺度，做过了就会太伤自尊，影响人的积极性和人格培养。

因此，管理的最高境界是“经营人性”，只有把人性优缺点恰到好处地运用起来，为企业最高目标服务，企业才能更快地实现自己的远大目标。

5

崇高使命：管理改变中国

刘承元有一个梦想，就是用毕生精力，在全国范围内聚集一批行业精益思想家导师，培养一大批精益传承人，和他们一起，传播精益，推动精益，让更多的企业能从“精益管理”中受益，做强中国制造，助推中华民族伟大复兴。

创业后，刘承元讲的第一堂管理课

进入2001年，刘承元已经在理光工作了整整10年。此时，他觉得自己创业时机已经成熟，就毅然决定离开理光，踏上了艰辛的创业之路。他在深圳注册成立了威肯（Wecan）管理顾问有限公司，主要从事企业精益管理咨询服务。

经朋友介绍，刘承元认识了某商会领导王礼宗先生。听说刘承元有在理光公司10年的实战经验，又立志帮助中国制造企业提升管理水平，他很热心地召集了一次培训课，有30多名中小企业老板参加。这是刘承元创业后所讲的第一堂课，当时他既紧张又激动，印象十分深刻。

他所讲授的内容是，在理光深圳公司工作时，所做的部分改善案例，再加上一些管理心得。尽管没有什么吸引人的理论，也没有什么讲课技巧，但对20年前的中小民营企业老板来说，他们都觉得很新奇。遗憾的是，绝大多数老板认为，精益虽好，但自己员工素质差，肯定学不了。课程结束后，只有三位企业家朋友表示，可以让刘承元博士去他们公司试一试，各自出一些费用，算是对他创业的支持，这对刚创业的刘承元来说仍是一个惊喜。

玉不琢不成器，为客户价值不妥协

刘承元十分感激给予试错机会的三家企业老板，他们分别是三诺电子公司董事长刘志雄、诺普信股份公司董事长卢柏强和金坚制衣公司董事长楼百金。三位董事长看中的是，刘承元博士有实战经验，有帮助中国制造业提升管理的理想和情怀。在创业最初的路上，有贵人相助，是对他最大的支持，至今他仍心怀感激。

但是，有了订单之后，怎么交付且让客户满意，是一件非常难的事情。刘承元开始思考，谁去做？做什么？怎么做？一连串的问题摆在他面前。尽管几位老板对辅导效果的期望并不高，但是，刘承元却不这么想，无论如何都要用好这次试错机会，不仅要从试错中积累经验，还要让客户得到实惠，因此刘承元背负着巨大的压力。好在刘承元离开理光之前，在理光上海有过一次实战演练，金坚制衣公司的楼董事长知道了刘承元的心思之后，便主动提出来，要和刘承元一起研究，如何导入精益管理。

在服务过程中，刘承元很快发现，要想取得明显成效困难重重，其困难在于：一两个顾问老师在工厂车间一对一解决问题，效果有限，很难看到线、面上的明显变化；客户员工观望、怀疑和抵触是变革的最大阻力，不知如何化解；最后一点是，不知如何描述客户价值，以便让客户领导有信心，有耐心。

面对这些难题，虚心好学的刘承元，先后找到几家更早创业的顾问公司老板，如实提出了自己的疑问。有人认为，咨询公司要真正做出效果是很难的，国际大牌咨询公司也做不到，所以他们只对方案负责，不对结果负责；还有人认为，作为顾问公司，能收到钱是硬道理，所以和客户约定以文件输出作为付款依据，是惯例；顾问公司收不到全款是常有的事。这些回答，很令他失望。刘承元觉得，前辈们的建议确实是为自己好，但如果真按他们说的去做的话，就与自己的创业初衷背道而驰了，更辜负了客户的信任与期望。怎么办呢？

凭着自己在世界500强企业的成功经验，和他永不服输的性格与精神，刘承元觉得，绝对不能把咨询简单做成一门生意，要当成有使命感的事业去做。因此，他不想在客户价值上有任何妥协，必须找出一条新路子，必须成功。经过较长一段时间的摸索，尽管辅导效果还是不尽人意，但是刘承元一直有一个坚定的信念，就是要让客户获得远超咨询费的价值。基于这一信念，刘承元下决心在几个重要方面进行尝试，并做出改变：一是，无论如何要为客户做出具体有形的经营管理效果，并以此树立好口碑；二是，不以文件交付作为顾问费支付的依据，而以客户价值（满意）作为顾问费支付依据，愿意承担由此带来的风险；三是，设法让客户领导和员工成为变革的主体，让顾问转型为医生、教练或导演。

这看似简单的几条改变，其实是对咨询行业传统做法和惯例的一次颠覆，是一次有重大意义的创新。朋友们提醒刘承元，这样的改变对客户来说当然是好事，但会把自己置于不利的境地。但是，刘承元却认为，这样的制度和机制设计，可以倒逼自己和团队发奋图强，持续创新。后来的结果证明，刘承元坚持改变的策略是正确的，不仅对自己的事业，甚至对整个制造业的提升和发展都具有重要意义。因为这些转变，客户对咨询结果还是比较满意的。首战告捷，给了刘承元极大的信心。他在咨询实践中，不断要求自己与员工，要始终追求客户价值最大化，并在实践中不断完善自己与团队，不断走向成熟，赢得了越来越多客户的信任。

打破魔咒，放大经营格局

早在2000年，在理光工作的肖智军便离开了理光，先行成立了深圳3A管理顾问公司，从理光出来的另一名高管党新民也加入其中。2001年，刘承元创办了另一家名叫威肯的咨询公司。2003年的某一天，肖智军打电话给刘承元，真诚地提议说："刘总，我们几个各有所长，可优势互补，还是一起干吧。"由于他们在理光共事多年，理念相通，志趣相投，三个人坐在一起简单交流之后，很快决定合并注册公司。

为体现合众家之长之意，讨论决定以"合众"商号注册新公司。不巧，"合众"已被注册，无法再用，刘承元建议在"合众"后面加上"资源"两个字。新注册的合众资源公司从此成了3A公司和威肯公司的母公司，由刘承元任董事长，肖智军任总经理，党新民任副总经理。后来有许多人问，3A就是指刘、肖、党3条老A共同创业吗？其实不是，只是巧合而已。

中国许多知识分子有一个普遍的思想："宁为鸡头，不为凤尾。"在管理咨询业，这样的例子比比皆是。很多咨询公司刚做出点小名气，积累了一些客户准备大发展时，骨干中就有人离队单干，一个公司就分拆成几个小公司。这一劣习制约着中国管理咨询公司做大做强。值得推崇与敬佩的是，刘承元、肖智军和党新民三位专家却走上了一条合作共赢之路，足见他们的胸怀、远见与境界之高，值得同行们学习。

刘承元介绍说，自从三人合在一起共同经营3A品牌，就越来越显现出其强大的生命力，也应验了成语“三足鼎立”。3A顾问在多个方面，领风气之先，成了行业丰碑，被许多顾问公司效仿。刘承元、肖智军和党新民三个人的个人影响力也达到了高峰。慢慢地，社会上越来越多的人知道了3A，各种介绍和口碑传播，成了3A获得客户的重要途径。而且，许多朋友还对3A这个品牌符号赞赏有加，原因是易记，甚至过目不忘。

经常有人问刘承元，3A是什么意思？其实，3A的品牌故事一共有三个版本。第一个版本是，外面的朋友认为，3A就是3条老A共同创业，共同经营的意思；第二个版本，也就是创业时候创业者肖智军先生的一个创意和愿望，要做一家有顶级信用的服务机构，所谓顶级信用就是AAA级；第三个版本，才是后来专门为“3A”定义的内容，即最好的团队（A），最优的服务（A），最大的客户价值（A）。

3A品牌内涵深厚，团队作风低调、务实，咨询效果可验证，有口皆碑。当然，刘承元和他的团队，将在后来的实践中，不断丰富品牌的价值和内涵，让3A品牌更具影响力。

被《企业管理》杂志相中，联手推广精益

万事开头难。公司成立之初也遇到了业务少，需要想方设法去开拓市场等难题。由于刘承元和伙伴都是从事管理工作的，对销售与推广并不在行。为了拓展业务，刘承元和他的伙伴做了很多尝试，但因为受经验限制，都不灵验。后来听说，出书是一个不错的办法，他们就开始认真地写书，把各自的实战经验与管理心得总结出来，撰写成书出版，以便让更多人受益，并知道3A，了解3A，找到3A。

2000年底，肖智军就推出了国内第一本5S著作《5S》和上下两册《现场管理实务》；2002年，肖智军和党新民合著的《精益生产JIT》以及刘承元编著的《新TPM活动》也相继出版发行。以这样的速度出书，在当时的国内咨询公司里面可能绝无仅有，而且出的几本书基本上都是国内第一本，内容十分务实，有图有表有真相，在行业内刮起一阵务实的清风。

功夫不负有心人，出书卖书终于开花结果。2001年底，肖智军接到一个重要电话，这个电话是国资委下属《企业管理》杂志编辑王仕斌先

生打来的。据王仕斌先生回忆说，2000年前后，正值中国企业面临转型期，中国加入WTO，是一个标志性事件，预示着中国企业必须参与全球性竞争。作为《企业管理》杂志社的一员，深感中国企业在管理上存在的差距，而且以自己的眼界所及，发现各类培训、咨询机构或者大专院校，在管理方面务虚的多，务实的少。所以寻找务实的机构，然后推而广之，就成了他的战略任务。一个偶然的机会，王仕斌在书店里看到肖智军的书，看了肖总的简历，他如获至宝，这不正是自己苦苦寻找的人吗？

此后，《企业管理》杂志社决定，与3A公司展开合作，推广务实的管理思想、方法和实践案例。具体做法是，每期刊出一页精益管理类培训广告，在全国范围内招收学员，由刘承元、肖智军和党新民去讲课。这种做法，收到了奇效。因为3A的培训课程，理论与实践紧密结合，每次去讲课总有客户被打动。所以，每次讲课结束后，都有一两家客户找3A，接受他们的精益管理咨询服务。就这样，3A的客户群就慢慢建立起来。经过数年的创业与发展，竞争力逐步增强，公司渐渐形成规模，有了一定的影响力。

／　“管理改变中国”的初心

刘承元，生在农村，长在农村，是一个没有任何背景的农二代。他之所以有今天，要感谢这个伟大的时代，感谢国家培养。1978年，国家恢复高考的第二年，刘承元考取了哈工大。1982年刘承元本科毕业，又考取了国家公派留学生。1989年，刘承元27岁，获得了日本大阪大学博士学位。

刘承元的本科、硕士、博士学业都是在国家的资助下完成的，对国家的培养之恩，他始终牢记于心。所以学成之后，他毅然选择回国。他常常告诫自己，一定要饮水思源，知恩图报，发奋图强。

2001年，为了运用在世界500强企业工作所积累的知识、经验和智慧，为社会创造更大价值，他决定离开自己工作了10年之久的理光公司，和伙伴们一起创办3A顾问公司。

创业之初，他们遭遇了很多人的不理解，甚至家人也表示不理解与反对。原先在世界500强企业做高管，有面子，每月都有不错的收入，创业之后却没有了。员工也觉得有些难以接受，看人家那些讲课的老师，模式简单，赚钱快，而3A要对客户承诺效果，要在客户那里做出成效，辛苦不说，赚钱还慢。

但是，他始终坚持一个信念，只有和客户员工一起“干”精益，才有可能给客户带去实实在在的价值，才可以真正帮助中国企业升级管理，提高效益。所以“干”精益再难，也要坚守创业时的初心。

统一了意志之后，他带领团队在“干”精益的路上艰难前行，顽强打拼，始终不渝。功夫不负有心人，经过6年的艰难困苦和摸爬滚打，3A终于闯出了一条能够保障客户价值最大化的精益管理咨询之路。

记得在2006年秋季，第四届中国企业管理高峰会上，刘承元第一次把客户成功案例搬上神圣的讲台，让客户领导亲自上台分享“干”精益的心路历程。也正是那一年，3A的独特做法引起了凤凰卫视的注意，凤凰卫视对他们做了一个专访。随后，刘承元博士还在凤凰卫视上做了一个公益广告，首次提出了“制造强，中国强，管理改变中国”的新主张，这一主张已经成为刘承元团队坚定不移的职业信念。这一主张，也得到了许多优秀企业家的热烈响应。

看到客户企业因精益而进步，客户员工因精益而成长，团队成员由衷地高兴。这一干就是20年。20年的风雨兼程，20年的孜孜追求，20年的不懈努力，刘承元开创了属于中国人自己的精益管理学派。今天，精益已经成为国内天南地北众多客户的共同信仰，传播精益哲学思想，推动精益改善行动，已经成为3A团队崇高而又神圣的使命。

刘承元有一个梦想，就是用毕生精力，在全国范围内聚集一批行业精益思想家导师，培养一大批精益传承人，和他们一起，传播精益，推动精益，让更多的企业能从“精益管理”中受益，做强中国制造，助推中华民族伟大复兴。

制造业管理，为何不学美国学日本

为了帮助中国制造业提升，刘承元一直在思考，如果中国的制造业管理，要在世界上找老师，找表率，到底谁最合适？思考的结论是，德、美、日都可以成为中国制造业的老师。德国严谨，强调一次做对；美国创新，追求技术创新；日本精益，主张持续改善。由于中国制造体量巨大，有一部分人学习德国做装备；有一部分人学习美国做创新；还有更多人学习日本做精益。但是，对绝大多数中国制造企业来说，刘承元主张，制造业管理不学美国学日本。为什么呢？下面给予详细阐述：

据2006年的报道：2007年，世界汽车业的统治权将正式易手。丰田汽车将取代自1931年以来一直占据世界头位的汽车制造商通用汽车，成为世界第一。根据丰田的预测，该公司2007年将制造934万辆汽车，超过通用汽车2006年920万辆的水平。通用汽车没有公布对2007年产量的预测，但通用将在最近两年关闭数家工厂，裁减数千名工人，2007年产量要么下跌要么持平。所以，丰田总裁自信地说："超过通用不是目标，而是结果。"

一直以来，丰田是一个低调的“追随者”，通用是一个高调的“领导者”。但最后的结果是，追随者战胜了领导者！丰田是怎样战胜通用的？从表面说清楚这个问题是很容易的，比如，丰田的成功可以归结为日本人敬业、注重细节、产业工人素质高、丰田人发明了精益生产等。

在这里，刘承元发现了一个有趣的现象，那就是，每当美国企业成功的时候，他们的专家、学者也包括美国人自己都可以十分兴奋地找到极其冠冕堂皇的理由，比如，战略成功、品牌成功、资本运作成功、神奇总裁等。“神奇总裁”自己大多也可以大捞一把“名声”资本，并通过卖书、卖演讲大捞一把美金。

可面对日本企业的成功（成功的日本企业大多如此），以上那些赞美之词基本上都用不上，而且学院派和西洋派基本上都无从下“口”。

丰田在品牌包装方面“小家子气”，还不如中国一些企业舍得花钱做广告；丰田人不擅长资本运作，许多能挣的钱放着不挣；丰田没有神奇总裁，许多人大概还不清楚丰田的现任总裁是谁；丰田从来就不提“最大”的目标，而是扎扎实实地埋头做事情。像丰田这样做事的还有理光、佳能、富士施乐等一批优秀的日本企业。

可见日本企业的成功往往不同于美国企业的成功，它通常是由极其内在的因素带来的。正因如此，日本企业的成功让专家、学者们为寻找冠冕堂皇的“赞美理由”为难。但是，如果看不到这些企业的内在优势，那就无法从他们的成功中获得启示。

刘承元长期关注和研究丰田、理光等一批持续成功的日本企业，发现他们的管理思想中蕴含着大量的东方文化特质以及中国古代的哲学思想。正因为他们的管理思想不新，所以研究者不感兴趣。他们低调、谦逊，做人不事张扬；他们务实、严谨，做事不打折扣；他们执着、坚持，追求尽善尽美；他们主张平等、尊重，全员参与。这些正是看上去不新，却又是丰田、理光这类低调的成功者长期坚守的经营原则。

丰田、理光等企业所具备的这些品质和内在优势，恰恰是中国制造业管理者最缺乏的和最需要了解和学习的。鉴于此，刘承元结合自身的经验做一客观剖析，希望读者能够有所体会。

／ 低调、谦逊，做人不事张扬

丰田人的低调是出了名的。丰田总裁至今还不忘告诉他的员工，走路要走属于自己的右边（大路朝天各走一边，但是又有多少人在成功之后还记得规矩？）。当全世界的目光都在关注丰田的时候，丰田人却不动声色，继续默默地做自己的事。他们只有一个目标，那就是“高效率地做世界上最好的车”。刘承元在理光10年，深深体会到这种做人原则的重要性。理光总裁自己就极少在聚光灯下露面，即便在最近10年内两次获得日本国家经营绩效大奖，他还是低调如常。他还经常告诫员工，白天工作要放下“理光”的架子，要学会用个人的实力（能力和自身的影响力）去与周边的人（特别的供应商和社区的民众）交往。晚上，要打起“理光”的牌子消遣，要保持品味，千万不能因为个人坏了“理光”的名声。正如一句古语所说：“得道多助，失道寡助。”这种品性对企业的经营具有深远的影响，特别是在与供应商的交易中体现平等、互惠的精神，最终使得供应商成为丰田、理光成功的重要基石。这可谓是先进的供应链管理理念。在一些“聪明”人看来实在是不精明的地方，却恰恰是他们获取成功的重要思想基础。

相反，那些自认为彻底西化了的，学会张扬的日本企业却活得并不太好，最典型的例子是SONY。刘承元本人十分喜欢SONY的产品，但是最近几年SONY的一些变化却令人担忧。他看到的有这样三个方面:一是SONY内部开会的时候通常要求使用英语（刘承元参加过，沟通效率和沟通精度降低，而且容易培养员工的优越感）；二是对供应商的管理，从前那种自家人的扶持少了，取而代之的是严格的“审核和绩效考核”（学美国人）；三是SONY人也开始学会了像美国人那样张扬（优越感之后就是张扬），换一个区域老总就要在全世界广而告之。有人会说，SONY近年所走的下坡路和这些变化也可能是巧合，但是刘承元却说，它们之间有着必然的联系。相信SONY人未来一定会对自己无原则的西化进行深刻反省。

／ 务实、严谨，做事不打折扣

成功的日本企业都在实践着一种叫作“三现主义”的思想，即现场、现物、现实。就是说，解决问题的时候要到“现场”去，确认“现物”，并认真探究“现实”，杜绝一切闭门造车或关门开会等官僚主义作风。这种务实、严谨的工作态度不仅造就了一流的产品品质，更重要的是培育了员工务实、严谨的做事风格。

在理光，把“三现主义”变为“五现主义”，除了三现之外还加入了“现金”和“现认”。就是要求管理者和员工对任何一个事件（好的叫“改善”，不好的叫“失败”）要进行经济（金额）评估，并进行确认总结，培养员工强烈的成本意识。做事不打折扣，很多时候表现在对细节的关注和追求上。

三现主义和关注细节的具体做法有许多，比如，制造管理者的桌子就在生产线的旁边；开会就在发生问题的现场而不是在会议室；最高领导者会经常与一线员工交流；各级管理者特别注意培养员工良好的习惯等。在普遍浮躁和机会主义盛行的今天，保持不打折扣的务实严谨的做事态度十分重要。

╱ 执着、坚持，追求尽善尽美

人们发现，日本文化中缺乏革命精神，但是他们却在重视传承的同时，强调持续改善。因此改善和不断追求精益成了日本人提升管理水平的主通道。如果说，革命可能伴随着流血和风险，那么改善更多的时候却可以带来快乐。

为了持续改善和追求尽善尽美，日本企业从实践中提炼出了许多有效的工具和方法，如5S、TQC、QCC、TPM、JIT等。要想利用这些管理工具成就卓越的改善文化，没有执着、坚持和持续追求尽善尽美的精神是做不到的。日本人会用一生做5S管理、做TPM，做精益生产。而中国企业的管理者却常常期望快速找到“一剑封喉”的办法，有投机取巧的思想在作怪。作为管理顾问，刘承元就经常遇到客户要求，能不能用3个月、6个月时间，帮他们做好管理。

5S这项基础工作在日本企业里是宗教一样的东西，它是工作的重要组成部分。TPM是从1970年开始的，但是到今天为止许多日本企业还在乐此不疲地追求。精益生产由丰田人提出，它成为制造型企业持续提升管理水平的法宝。

很多人认为日本人“保守或古板”，刘承元却建议将之视为“执着和坚持”。要在企业内造就持续追求完美的文化，没有执着和坚持是无法做到的。而国内许多管理者缺的就是这份“执着和坚持”。

／ 主张平等、尊重，全员参与

美国是世界上典型的精英主义国家。由精英领导着这个国家，精英主宰着这个国家的企业。与美国的精英主义不同，日本企业更崇尚团队力量，更加尊重一线员工的人格和能力，并设法发掘他们的智慧。

美国企业内的劳资关系相对紧张，因为员工只有依仗工会才能与经营团队抗衡。而日本企业中的劳资关系基本上是积极的，因为劳资双方能够更多地认识对方的作用。在日本企业里，他们坚持认为，产品的品质是一线员工（设计者和一线工人）设计和制造出来的，真正创造价值的不是管理者，而是员工。管理者只有在服务一线员工的过程中才能实现自身的价值。这其实也是精益生产的重要思想之一。丰田的最伟大之处，在于数十年如一日设法发掘一线员工的智慧，在培养员工的意识和技能方面不遗余力。

可见，通用与丰田之间的竞争，归根结底是美国式精英团队与日本式全员参与的竞争，是数千人的精英团队和数十万人的强大军团之间的竞争。只要将这种竞争放在同一个平台上（规模相差不是太大），胜败就是注定的了。当然，刘承元的断言也许只适用于制造业。

下篇

成功：
精益是一种信仰和哲学

6

十年磨一剑：铸就中国咨询的成功

大量的事实证明，照搬国外理论在中国行不通，需要实事求是，在学习借鉴的同时，进行批判和改良，以便构建属于中国人自己的管理理论和管理方式，这也是中国管理跃上世界级水平的唯一途径。

制造企业的经营为何越来越难

刘承元在全国各地演讲，经常会谈到这样一个问题："当下经营制造企业难不难？"企业家朋友异口同声地回答说："难，很难。"为什么这么难？答案有很多，比如，销售增长太慢、劳务费持续上涨、售价总是被压低等。所有这些压力，其实都源于一个显而易见的事实，那就是全球性的"产能过剩"。

改革开放四十年，中国经济快速发展，中国制造业也是突飞猛进，成为名副其实的世界工厂。2010年，全球经济最具标志性的事件有两个：一个是，中国GDP超越日本，成为世界第二；另一个是，中国制造超越美国制造，成为全球第一。今天，中国制造的规模几乎等于德美日制造的总和。其结果是，不仅中国人焦虑，日本人也焦虑，美国人更焦虑。

如何化解当下的焦虑情绪，人们可以有各种各样的选择。可以学习圣贤文化，修身养性；可以到与世隔绝的深山老林闭关，以求内心安宁；还可以选择彻底放下，远离红尘喧嚣……但是，这些选择，都不是解决当下“焦虑”的根本办法，都是治标不治本。那如何解决呢？刘承元的建议是，正面面对当下的问题和困难，学习精益管理，采取精益行动，激发团队智慧，节流降本，开源增效，让企业走上可持续发展的道路。

几年前，有一位财经专家写了一篇网络文章——《中国人去日本买马桶盖》。一石激起千层浪，这篇文章引起了一次对中国制造现状的大讨论。人们开始深入思考，中国为什么做不好马桶盖？中国为什么做不好电饭煲？中国为什么做不了圆珠笔芯？等等。这样的讨论，让国人猛然警醒，为什么国人喜欢到海外购物，原因是国内提供产品的供给侧出现了结构性问题。也就是说，在国内，低端产品严重过剩，而高等级、高质量产品严重不足。这种反省，已经在国内形成了高度共识，也就是说，中国制造大而不强。

过去几年，针对国内制造业发展，上至国家领导人，下至普通民众，大家都予以了高度关注。政府还先后出台了多个战略性文件，引导中国制造转型升级。2015年发布了《中国制造　2025》战略，提出在未来十年中国制造重点发展的十大战略领域，包括新一代信息技术、高档数控机床和机器人、航空航天装备、海洋工程装备及高技术船舶、先进轨道交通装备、节能与新能源汽车、电力装备、农业装备、新材料、生物医药及高性能医疗器械，为中国制造的全面升级指明了方向。美国之所以焦虑，是担心这十大战略领域的突破，将导致中美两国竞争格局的全面逆转。随后，中央又及时提出了“供给侧结构性改革”的战略目标，引导中国制造做精、做细、做强。还有一个报告是《智能制造发展规划（2016—2020年）》，旨在引导企业通过精益化、自动化和信息化三化融合，全面升级中国制造的管理和技术水平。

这些国家级战略文件的出台，都和一个关键词密切相关，这个关键词就是精益。出台这些文件的目的是显而易见的，就是要让全社会形成精益之风，让国内企业走上精益道路。也就是说，中国制造要从粗放发展，逐步升级到精细化发展的道路上来。以便用更少的资源，创造出更大的产出，最大限度地满足人民群众不断增长的对美好生活的需要，并进一步确立中国制造在世界上的重要地位。

最近几年，中国制造的设备投资增幅下降，有许多人担心，这是否会连累中国经济增长。其实，完全不必担心，以中国现有的制造业产能，只要在管理上稍下功夫，每年提升10%的产出并不是困难的事情。以上文件的出台，是国家层面升级中国制造的战略举措。那么在企业层面，如何化解焦虑，赢得市场竞争？同样，也需要借助精益管理，帮助国内企业节流降本，帮助企业开源增效。应该说，刘承元团队就是企业家朋友“脱焦致富”的福音。过去20年，他们已经帮助上千家企业走上了可持续发展的精益管理之路。

那么，精益管理在这个过程中，到底能为企业做些什么呢？归纳起来，主要体现在四个方面：它可以帮助企业提升质量和效益；可以帮助企业培养团队和员工；可以帮助企业升级管理和技术；还可以帮助企业建设良好口碑和品牌文化。总之，中国制造必须从粗放走向精益，中国要从制造大国走向制造强国。

制约中国企业管理升级的六大缺失

有一天，刘承元在课程的间隙，与几位学员聊天时，提出一个有趣的对比，其中心思想是，中国足球为什么这么弱，而中国制造却这么厉害，而且规模上已经做到全球第一？感觉落差很大，这是为什么？几位同学最后期望刘承元给予点评。

刘承元的点评观点非常独特，他指出，足球比赛和制造业竞争没有可比性，原因在于各自的规则和边界条件不同。一方面，足球比赛有严格的比赛规则限制，每个国家只能派出一个国家队，每次比赛每个球队只能投入11名球员，然后看谁进的球多。而制造业的竞争，理论上讲也有诸如WTO等规则限制，但对参赛企业数量和参赛员工数量没有限制，这样就造成了一个很有趣的现象，中国在这两个方面都占优势，所以成就了中国制造今天在规模上的优势。当然，最重要的是，中国决策者们在全球产业转移的最佳时机打开了国门（展开了进攻），大力发展了制造业（进了很多球）。

就单个制造企业而言，特别是对许多中小型企业来说，中国企业的竞争力是不高的，和德美日制造企业相比依然存在着巨大的差距。也就是说，中国企业特别是中小型企业的管理水平不高，就竞争力水平来说，和中国足球相差不大。问题出在哪里？刘承元经过缜密思考，认为有以下六个方面缺失，制约着中国企业管理水平不能持续上台阶、跃入更高境界：

第一，有理想，没信仰。以中国足球为例，从来不缺伟大的理想，“冲出亚洲，走向世界”以及“无私奉献，为国增光”等口号也喊得很响。但是当前有些中国企业却没有信仰，缺乏对“道”（天道、地道、人道）的敬畏。所以，在追求理想的过程中，有些企业没有底线，不择手段，行为与理想严重背离。

第二，有组织，没传承。足球也好，企业也好，都是通过一个组织来运营的。为使组织更具活力，代际更替是必要的。问题在于，实施组织代际更替时，企业却没有有效的传承机制。中国足球频频换帅，而每一次的换帅都是从头再来，看不到对前任的理念、经验、智慧等的传承，导致团队缺乏管理与经验积累，往往前功尽弃,中国企业亦是如此。

第三，有目标，没战略。中国足球和国内企业，在管理上有惊人的一致性。高层特别喜欢提目标，如名次目标、销售额目标。提出目标后，就期望通过绩效考核达成目标，考核不合格就换人。高层不能针对目标提出有效的战略（超越对手的办法），也不能将战略分解为课题、措施，并落实为员工的行为。

第四，有制度，没机制。“管理靠制度”这句话在中国早已“深入人心”，在有些企业甚至达到迷信的程度。其实，“管理靠制度”是个伪命题。如果没有机制（结构化管理办法）的硬约束，大量的制度只能成为摆设，不能被广大管理者所接受，也不能成为员工的自觉行动。足球管理和社会管理也是如此。

第五，有口号，没措施。在组织管理过程中，空洞的口号比比皆是，信手拈来。所谓空洞口号，就是那些大话、空话、套话。例如，强化内部管理、加大管理力度、提高执行力等。管理者很少研究强化管理、提高执行力的具体措施和方法。没有具体措施和方法保障，再响亮的口号也只是一句空话。

第六，有管制，没参与。中国许多企业除对制度迷恋外，对管制也十分热衷。有些企业经营者经常抱怨，员工不爱参与，缺乏主人翁精神。其实，不是员工不参与，而是缺少舞台，员工无法参与；不是员工缺乏主人翁精神，而是员工深受管制约束，不能成为主人。在绝大多数企业里，不管是年初的动员会，还是年底的总结会，都是领导在台上讲话，员工在台下鼓掌，员工始终充当看客和啦啦队的角色。事实说明，员工不参与，缺乏主人翁精神，都是企业热衷管制的必然结果。

如果以上六大缺失不能尽快弥补，正逐步失去资源与价格优势的中国制造企业也将面临困境。

企业管理中的“拿来主义”行不通

经常有人问刘承元，中国企业到底该向谁学，是向德国企业学习严谨，把事情一次做对？还是向美国企业学习，崇尚精英，做创新领导者？或是向日本企业学习，学习其精益求精，持续改善。其实，就中国的体量和现状来说，德美日管理都值得认真学习，以达到博采众家之长，提升管理的目的。但大量的事实证明，照搬国外理论在中国行不通，需要实事求是，在学习借鉴的同时，进行批判和改良，以便构建属于中国人自己的管理理论和管理方式，这也是中国管理跃上世界级水平的唯一途径。其具体内容如下：

一次做对的德国精神，说起来简单，听上去很美，但终究是理想和愿景而已。以现在的企业管理水平，一次做对基本没有可能，绝大多数时候，还是要在试错中学习和成长。所以一次做对的思想、理念可以讲，但千万不能只讲不练，否则就会成为空谈。

在美国管理实践中，理念创新多，但大都缺少对方法论和落地手段的探索和实践。而且，美式管理有两个致命问题：一个是精英主义，造成精英和员工之间的紧张博弈，严重损害团队凝聚力和战斗力——美国工会之所以容易成为破坏力量，就是精英的自利行为造成的；另一个是绩效主义，将绩效提升的美好愿望落脚在量化绩效考核上，可能损害团队激情，是十分有害的。

刘承元认为日本管理最适合中国的管理现实，因为其主要思想源于中国古代的儒家学说，照理应该直接搬过来就行，但是由于国民教育程度的不同，日本从幼儿园到大学，始终强调并贯彻落实组织纪律性和生活生存训练，所以日本员工训练有素，而且很好领导。在日本企业里，对员工的素养训练和管理者的领导力要求并不高。如果我们照搬日本管理，就会出现员工训练不足和管理者领导力不足的问题。

综上所述，简单复制德美日管理理论和管理模式，在中国是行不通的。鉴于此，刘承元提出两个主张：一是，德美日制造之所以能够显现出强大的生命力，其管理理论和模式一定有它的可取之处，所以都要学；二是，德美日制造管理又有不足，需要在学习借鉴的基础上，提出符合中国企业实际的，属于中国人自己的管理理论、管理思想和管理方法，这就是刘承元原创的“精益造物育人”机制理论，是适合中国国情的“法门”,值得大力推广。

组织退化与职能缺失，造成国内企业管理不完整

刘承元从自学管理、实践管理以来，特别是自己创业做咨询顾问后，就一直在深入探索，希望找到某些好办法，让客户员工自主自发做改善，以便实现理想中的自主管理，但是那些好办法终究没有找到。

为什么还是有那么多专家、学者或教授会给人们描绘这样一幅美景：要是×××做得好，就能够让员工自动自发，实现自主管理，老板就能够闲下来。这种灌输，令许多企业老板心生羡慕，然后就像古代帝王寻找长生不老药一样，到处花钱听课，苦苦寻觅，期望能够找到“一剑封喉”的或者可以让员工自动自发工作的“灵丹妙药”。

到底是那些在台上讲课的老师身怀绝技，还是刘承元哪里没有悟透？其实，要验证上课老师是否真的身怀绝技，只要确认世界上有没有完全的自动自发就知道了。事实是，纵观世界上的优秀企业，丰田、三星、华为和理光等优秀企业里，也没有完全的自动自发。换句话说，如果没有高层的意志，没有组织的推动，再优秀的企业也不可能做到员工自动自发，没有外力推动的自主管理是不存在的。

这就能理解，为什么在世界500强企业里，都有一个重要的部门，这个部门的重大责任就是推动创新经营、管理变革或精益管理。也就能理解，为什么世界500强企业，会定期举办年度改善成果发表会或创新PK大赛，而且这些发表会或大赛都是由这些推动创新的部门组织和推动的。负责推动创新经营、管理变革或精益管理的部门可以是“经营革新部”或叫“战略管理部”，也可以是 “精益管理部”或“改善促进部”。看得出来，这个部门基本没有与研发、销售和生产等相关的具体业务职能，而其重要职能之一就是推动“全员参与，持续创新与改善”。让企业管理水平不断提高，让企业不断前进。这一部门是企业基业常青的有力保障。

经营革新部，一个被忽略的创新推动部门

刘承元和他的团队，经常观察和研究企业的组织管理。其现状是，有些规模较小的企业里，并没有设置经营革新部这一重要部门，所以员工参与创新、改善的事情是没有人去负责管理的。但在绝大多数企业里，都设有经营管理部、体系管理部或总经理办公室等部门，照理说这些企业里应该有人对“促进员工创新、改善”负有责任。遗憾的是，这些企业的那些部门职能在不知不觉中异化了，那些部门逐步演变成了一个“做杂事、写文件、收报告和搞检查”的秘书处或养老办，十分可惜。

在导入精益管理的时候，本可以把推进精益管理的职能给这些部门。但是这些部门养尊处优惯了，缺乏战斗力。所以，在大多数情况下，刘承元和他的团队都会建议客户新设一个经营革新部或精益推进办公室，必要时，他们会建议企业把办公室升级为常设部门，即经营革新部。

设置与运营好经营革新部意义重大。作为一个推动全企业改善与

创新的专门机构，经营革新部的主要职能是持续推动企业变革，促进全员参与创新和改善，提升企业经营绩效。它的作用相当于指挥一场战役的参谋部（指挥部）。每一场战役都是全新的，而且无法重来，需要战略、战术和最小作战单位的改善和创新。进行一场没有战略、战术和作战创新的战役，是很难取胜的。所以，企业要是没有推动创新和改善职能部门的话，团队就会形成惰性，缺乏战斗力和改善力，制约企业发展，可见，这一部门是多么重要。

更进一步地，还可以循着组织职能优化的方向出发，改造那些效率低下的“秘书处”或“养老办”。在公司老总直接重视与领导下，才能把这一部门职能真正发挥出来，才能为整个企业组织注入源源不断的创新基因，才能让企业活力四射，且能永续经营。

结合中国实际，重新定义“精益管理”

经常有人问，精益生产、精益管理或精细化管理有区别吗？刘承元的回答简单直接：它们之间没有区别，也无须区别。考虑到现实的需要，特别是人们容易误认为精益生产只是生产部门的事，刘承元建议统一使用“精益管理”一词。如今它已经被越来越多的人所接受。

在科学定义精益管理是什么之前，需要消除两大误解。一个误解是，人们以为精益管理就是某一个结果。比如，有人以为，在诸如丰田这样优秀的企业里看到的就是精益管理。其实不然，它只是长期精益管理收获的结果而已。又比如，有人认为提升生产效率50%、60%甚至更高，就是精益管理，这也是错误的，因为这只能说是精益管理不同阶段的里程碑而已。还比如，人们以为零缺陷、零库存就是精益管理，这也是不对的，零缺陷、零库存等只是精益管理孜孜以求并无限靠近的理想目标而已。另一个误解是，人们以为精益管理就是某些工具和方法。比如，有人认为U型线、细胞生产、看板管理就是精益。其实不然，所有这些生产方式都是在精益过程中因产品工艺特点以及客户需求不同，开发出来用以提高生产效率，增加生产线柔性的手段而已。又比如，有人认为，5S、IE、QC、

6 Sigma和价值流分析等就是精益管理，其实也不对，这些都是精益管理改善中，分析某一类特定问题的工具而已。

也就是说，精益管理既不是某些特定的结果，也不等同于各种具体的工具和方法。那么精益管理到底是什么呢？应从“道”“法”“术”“行”四个方面去理解。

从“道”的层面理解精益的时候，精益是一种信仰。这个信仰的具体表述是，要相信永远存在比现在更好的办法。也就是说，企业领导和员工都要懂得，现在的做法一定不是最好的，要敢于挑战现状，动脑筋想办法做改善，以便找到更好的办法，获得更好的结果，达成更高的目标。有许多企业管理者错误地认为，做精益需要满足一些前提条件。有人说自己公司管理基础太差，希望等管理基础好了后，再做精益，其实这些都是错误的。正确的认识是，改善管理基础就是精益的重要组成部分。

从“法”的层面理解精益的时候，精益包括两个重要原则和追求，一个是自动化，另一个是准时化。所谓自动化，是那些保障不做不良品的机制或方法的总称。为了减少不良品或客户投诉，产品检验成了管理中不可或缺的重要工作。其实，与各种检验相比，自动化就要高明得多。它通常从两个不同层面来实现：一个是研究一次做对的“防呆”“防错”办法，不做不良品；另一个是，实在不能保证一次做对的时候，设法找到能够防止不良品流出的“纠错”办法，出错后能够报警，或强制纠正。为了减少失败成本，越是靠近品质的源头，越需要进行自动化改善。所谓准时化，是指生产过程中通过采用后工序拉动的方法，实现在制品在工序间无停滞地、快速地和及时地流转，这就是人们常说的JIT（just in time）。在管理实践中，库存和准时化改善之间是紧密相关的。准时化改善做得好，库存就少，否则库存就多。可见，库存是结果，追求准时化既是原则，也是减少库存的手段和方法。所以，要减少库存，必须从准时化改善入手，持续缩短各个流程环节的作业周期。明白了这个逻辑之后，事情就变得相对简单了。销售部门要设法缩短客户订单处理时间；采购部门要在最短时间内保障物料供应；制造部门要持续提高设备、工艺、品质的可靠性和稳定性，缩短生产周期；检查部门要改善检查方法，缩短检查周期，最好实现与生产并行作业……总之，各有关部门一起努力，就能够持续缩短整个生产周期。理论上讲，每缩短一天生产周期，就可减少一天的库存。也就是说，准时化改善，是以零库存为目标，倒逼研发、销售、采购、检查和制造等多个部门进行全面改善，持续缩短生产周期的过程。

从“术”的层面理解精益的时候，精益要拥有三个战略思维，下面逐一阐述。第一个战略思维是，关注节流降本，更要关注开源增效。由于竞争的缘故，当企业规模保持不变的时候，利润额和利润率通常是下降的。原因是，原材料和人工成本等通常是上升的，而产品多数时候是向下的，利润空间势必受挤压。所以，制造业要想保持一定水平的利润和利润率，就必须着力做大规模来摊薄成本。如果不懂得这个道理，以为精益就是节流降本一条路，那就大错特错了。第二个战略思维是，关注变动成本，更要关注固定成本。一般来说，材料成本和劳务费属于变动成本的范畴，受关注也是必然的。但固定成本却往往被忽视，极大地损害了企业的竞争力水平，这才是大问题。什么叫固定成本？就是那些不管是否有产出都要付出的成本，比如，厂房租金、厂房和装备折旧、资金利息以及管理成本等。东北有一家企业年销售额100多亿，它的老板很自豪地告诉刘承元，他们拥有19栋厂房，每栋厂房5万平方米。这样一家企业，背负了太高的固定成本，要实现盈利是十分困难的。而深圳有一家企业年销售额也是100多亿，至今仍只有一栋5万多平方米的厂房，它就是刘承元创业前所服务的理光深圳公司。由于它们之间需要消化的固定成本不同，所以它们的竞争力水平也就拉开了距离。在许多企业的资产负债表里有大量的资产，但这些资产不仅没有为企业增加有效产出，反而成为巨大的折旧和利息负担。第三个战略思维是，关注资源价格，更要关注资源效率。刘承元经常提醒企业领导，与其抱怨外部环境不断恶化，还不如内求，即把关注的焦点放在内部管理上。如何聚焦内部管理呢？有一个很好的方法，就是关注各类资源的产出率。每当问到材料价格、员工工资、厂房租金等资源价格的时候，企业老板心里像明镜似的，说明他们很关注。但是，当刘承元问他们“每平方米厂房的产出是多少？每一个员工的产出是多少？每一度电、每一吨水、每一立方米气的产出又是多少”的时候，绝大多数老板显得很茫然，因为他们压根儿就没有关注过这些数据，也更不知道他们造成企业资源极大的浪费。从这个角度审视中国制造企业的时候，人们发现，还有许多待挖掘的铜矿、银矿，甚至金矿。所以，人们要把企业内的精英组织起来，聚焦品质、成本、效率和交付等问题，全面开展以提升资源效率为目标的精益改善，只有这样才能快速提高企业经营管理水平。

从“行”的层面理解精益的时候，精益是企业全体员工参与的持续改善行动。也就是说，精益是企业领导和全体员工一起进行的一场旨在提升企业能力的修炼。这场修炼的主体是人，修炼的道场是企业现场，修炼的对象是企业流程、设备、系统和员工自己。

前面讲的“道、法、术”是关于精益的“知”，最后是精益的“行”，成功的精益需要“知行合一”。之所以这样，是因为知道精益的人很多，但是能够成功导入精益的人却很少，原因大概在于不能做到“知行合一”。优秀企业之所以越来越优秀，就是因为能不断提升企业的硬实力和软实力，就是因为整个团队都有一个共同的信仰，是在既定的轨道上持续修炼与不断进取的结果。

颠覆行规，铸就中国咨询的3A模式

经过多年的思考、设计、实践和优化，刘承元和他的团队成功探索出了敢于承诺效果的3A咨询模式，彻底颠覆了咨询行业的常规做法，是一项颇具价值的创新之举。它的不同之处在于，可把精益管理上升到信仰的高度来予以认识；清晰指出企业应该具有的精益战略思维；讲清楚了精益管理是一个员工持续改善和动态提升的过程，而不是像绝大多数专家、教授认为的那样，对着丰田做法生搬硬套、照葫芦画瓢。

这套方法可以简单归纳为“一三三一”四个数字，数字的含义分别是：一个精益愿景，三个精益改善机制，三个精益导入步骤和一套可落地的精益管理制度。

精益愿景是企业导入精益管理终极目标的一种表达，企业可以根据自身特点进行描述，但其基本思想需要一以贯之，那就是要做到导向性好，能鼓舞人和可持续。比如，持续推进精益管理，打造温馨明亮的工厂，培养文明进取的员工，构筑建设性的文化。又比如，锃亮的设备，舒适的环境，有活力的员工。总之，导入精益管理的根本目的，就是要在取得效果的同时，在企业机体内植入生生不息的创新改善基因。

三个精益改善机制是指现场上台阶机制、员工微创新机制、绩效大课题机制。现场上台阶机制，是以现场班组为参与主体的改善活动，目的是持续优化现场管理体质，训练优秀现场团队。员工微创新机制，是以全体员工为参与主体的改善活动，目的是持续营造全员参与氛围，培养员工改善意识。绩效大课题机制，是以骨干员工为参与主体的改善活动，目的是持续提升企业经营绩效，打造卓越骨干队伍。可见，这三个机制，有不同的参与主体和不同的目标指向，但终极目标都是培养优秀团队，建设优秀文化。持续运营这三个机制，有利于促进全员参与，有利于建设生生不息的改善文化。

三个精益导入步骤是衡量导入过程中效果达成和员工参与程度的三个重要里程碑，一是“改变”，二是“挑战”，三是“冠军”。“改变”，是指现场、员工和局部绩效等方面的改变；“挑战”，是指全体员工开始在意识、能力和绩效提升方面进行挑战；“冠军”，是指引导团队树立冠军信念，不断追求精益管理的更高水平与境界。

一套可落地的精益管理制度，包括组织建设和管理、活动规划和运营、成果总结和发布、团队表彰和激励等许多具体的内容。精益管理制度既是精益管理的抓手，又是精益管理改善的对象，企业应根据需要及时优化精益管理制度。

刘承元特别指出，在构建原创3A咨询模式过程中，最大的挑战在于，导入精益管理三个阶段的规划和运营，而且第一阶段的“促进改变”更是难上加难。刘承元团队是怎么做到的？

要改变一个人或者改变一个团队，最普遍的认知是，从改变他或他们的观念开始。对此观点，许多人深信不疑，所以人们崇尚培训，投入大量时间和金钱，做培训，搞拓展，等等。但现实是，把培训做得再好，把拓展搞得再疯，也很难达到改变一个人或一个团队行为以及行为习惯的目的。

那如何才能做到呢？刘承元沿着“改变”的思路，不断思索。都说“江山易改，本性难移”，这里讲的本性是指一个人或团队多年养成的“习惯”或“惰性”。那为什么非要从最难的“通过说教移除本性”开始呢？有没有更容易实现一个人或团队“改变”的切入口呢？

“苦心人，天不负”。刘承元和他的团队终于从伟人毛泽东关于学游泳的建议和邓小平推进改革开放的成功实践中得到启发。大家知道毛泽东爱游泳，曾17次畅游长江，大有“胜似闲庭信步”之感受与情怀。毛泽东曾说，在岸上学游泳，知识理论讲太多没有用，不如直接跳进水里去，这样学游泳更快。同样，改革开放总设计师邓小平也采取了类似智慧的做法，与其讨论姓“社”姓“资”，与其磨破嘴皮子说服大家，还不如在中国南海边画一个“圈”，先让一部分人干起来富起来，然后用事实教育人。

由此，刘承元和他的团队找到了改变人与团队的最佳路径，即先从改变（简单的）行动开始；通过行动改变获得现场面貌的改变；现场面貌的改变带来信心和观念的改变；持续升级“变”的内容，强化行动变、结果变和观念变的循环，让员工体验成长的快乐，创造不可逆转的精益改善进程；最后形成个人或团队良好的成功记忆和行动习惯。至此，导入精益管理就可以获得成功。

这个充满智慧的路径设计，正好印证了一个重要的精益管理道理：“人造环境，环境育人。”这是刘承元和他的团队的一个创举，是对传统咨询模式的颠覆。基于这个路径设计，刘承元最终成功探索出了适合中国国情和中国企业实际的全新精益管理咨询新模式。

为什么主张“以精益为信仰”

刘承元之所以大力主张以精益为信仰，是因为人们对精益有太多的误解、太多的偏见。

关于中国企业必须走精益之路，眼光超前的刘承元早在14年前就开始为之鼓与呼了，但直到最近人们才开始给予足够的重视，他感到既遗憾又欣慰。遗憾的是，过去10多年国内多数企业管理粗放和无序发展，错失了升级研发、管理和提升工艺技术的大好时光；欣慰的是，人们终于明白了通过精益实现企业升级的重大意义。今天，政府也开始倡导供给侧改革，目的之一就是要推动作为供给侧的广大企业，通过革新和改善，用更优的产品和服务，满足市场不断升级的需求，尽可能多地把老百姓的消费留在国内。

学习精益要从认识精益目标开始。精益有哪些目标呢？大家耳熟能详的有零缺陷、零库存、零浪费、零故障等。那么人们要问，世界上真的有零缺陷、零库存、零浪费、零故障吗？回答是否定的。也许有人会说，不对呀，丰田不就实现了零库存、零缺陷了吗？其实不然，这是人们一直以来的误读误解，丰田从来就没有实现过零缺陷、零库存、零浪费、零故障等，只是矢志不渝地走在追求这些精益目标的路上。可见，这些精益零化目标以及准时化只能无限接近，却无法真正实现，是一种理想的至高境界。也许有人会说，既然不能真正实现，又何必孜孜以求？这是因为，只要朝着这个理想的至高境界持续追求、快速进步，企业经营"体质"和竞争力水平就会不断提升，就能在市场竞争中立于不败之地。所以优秀企业，特别是优秀制造型企业，无不借助精益思想、方法和行动来推动企业进步。丰田是这样，理光是这样，三星、华为也不例外。

因此可以说，企业走精益之路，说到底是企业领导和企业员工通过精益改善行动，朝着理想的目标不断修炼意识、思维和能力的过程。从这个意义上说，精益就是一种信仰，是指引企业领导和员工走向未来的坚定信念、准则。企业领导有必要从自身开始转变观念，影响和带领全体员工一起，信奉精益，实践精益，把企业带向更加美好的未来。

信仰精益，不仅表现在上述对目标和结果的认知上，还表现在对工具（技术）、方法、管理现状、员工能力以及精益时机等的正确认知上。

基于精益这个信仰，人们应该懂得工具、技术和方法没有最好，只有更好的道理。在管理和技术上，企业千万不能故步自封，停止学习和思考，停止改变和进化。有一家企业老板对刘承元抱怨说："公司来料检查部门员工流动率很高，效率低下，不知道如何是好。"刘承元问其原因，他说："前几年根据专家建议，把检查作业台做高，让员工站着检查，这样可以提高效率。改完之后一直延续至今，现在员工不愿意了，因为他们认为别的部门都能坐着工作，为什么他们却要站着工作，太累而且不公平。”知道了事情原委之后，刘承元问他一个问题，提高检查效率的终极目标是什么？他一时语塞，但在刘承元的引导下他终于明白，提高检查效率的终极目标是不要检查。让员工站起来工作能达成终极目标吗？回答是否定的。既然如此，那么站着检查就一定不是最好的方法，可以与时俱进研究更好的方法。只要能够找到比站着检查更好的方法，即便让员工坐下来工作也无妨。其实，在精益辅导实践中，提高检查效率的方法有许多，比如，根据供应商或者零部件质量表现进行分类管理，对那些不出问题的供应商或零部件可以放宽检查或不检查；又比如，为了提高供应链效率，可以把检查工作前置到供应商实施，或者下功夫辅导供应商改善品质，令其进入免检名单；还比如，可以通过开发或外购自动检测装置实现对人的替代；等等，不一而论。其目的就是，在保障来料质量的前提下，不断寻找更好的方法，减少检查工作量，提高检查工作效率。

基于精益这个信仰，人们应懂得，企业只要走上精益之路，就不要惧怕管理现状的落后。两年前，有一家客户老板前往日本丰田参观，回来后情绪低落，他告诉刘承元：“刘老师，我都有点不想做下去了，我们在管理上差距太大，估计再怎么努力也难有大的作为。”刘承元耐心地和他一起进行了分析，让他慢慢懂得两个道理：一个是，即便你的管理很差，但客户依然给你订单，说明你的公司一定有可取之处，或者说你的对手在管理上肯定也不高明，所以不要妄自菲薄；另一个是，你的管理这么差，企业依然可以生存，说明可以挖潜或提升的空间很大，机会难得，改善应该比较容易。也就是说，只要懂得把存在的问题当机会，通过导入精益改善机制，发动广大员工主动发现问题，动脑筋想办法解决问题，企业就能持续提升市场竞争力，并且可以获得更高的收益。

基于精益这个信仰，人们还应懂得，员工只要付诸精益行动，就不要担心他能力低下。长期咨询实践经验告诉人们，帮助员工提升和成长，主要不是靠考核、靠培训，而要靠现场、现物的精益改善训练。只要员工能够在精益管理机制约束下积极参与改善，就能够在发现问题和解决问题的过程中，持续提升素养（习惯）、意识和能力。刘承元坚信，员工的学习一定是为了改善，员工的改善肯定是最好的学习。

精益不要等，不能等，现在就是开始精益的最佳时机。有太多的企业管理者错误地认为，做精益需要满足一些前提条件。有人说自己公司管理基础太差，希望等管理基础好些之后再做精益。还有人抱怨供应商供应管理太差，等供应商能力提升之后再做精益。也有人提出团队意识和能力太差，等团队成长之后再做精益。凡此种种“等”的理由，都是人们拒绝改变，拒绝进步，拒绝走精益之路的借口。正确的认识是，改善管理基础是精益的一部分，帮助供应商提升也是精益的重要工作，提升团队意识和能力更是精益的关键任务……

总之，精益需要从打破自己和团队的惰性开始，通过导入有约束力的精益管理机制，营造不得不做的改善氛围，促进员工广泛参与。让全体员工在发现问题、分析问题和解决问题的循环中修炼自己，体验成长（成就感），让企业收获绩效改善成果。只要企业领导能够身先士卒，持续坚持，精益改善终能成为企业文化的核心内容，精益终能成为企业全体员工的共同信仰！

处理好支撑精益信仰的五大关系

经过长期的精益管理辅导实践，刘承元对企业导入精益过程中，到底会遇到哪些困难或阻力，需要投入什么资源和采取什么措施等都有深刻认识。他认为，处理好支撑精益信仰的五大关系，才能让精益管理可持续发展，才能真正做好精益管理。下面就对支撑精益信仰的五大重要关系进行阐述。

其一，要处理好企业员工与精益的关系。企业员工是精益改善的主体，要唤起其自尊，激发其兴趣，帮助其快速成长。

全员参与（改善）既是精益的手段，也是精益追求的重要目标，所以精益管理不能停留在理念宣导和方法学习上，而是要聚焦在促成员工甚至是全体员工对精益改善的积极参与上。评价员工参与程度可以借助两个重要指标：一个是管理改善（微创新）和发明创造（大创新）的数量，另一个是月度员工改善参与率（一般员工提案参与率，骨干员工课题参与率）。导入精益，就是要以这两个指标为导向开展工作。

根据刘承元的经验，促进员工广泛参与绝不是一蹴而就的，需要经历抗拒（抵触改变）、降服（被动接受）和主动（积极参与）的艰难过程。许多企业在导入精益的时候，或者在低水平徘徊，或者开始时轰轰烈烈，一段时间后不了了之。其原因在于，在精益活动未能走出抗拒期或降服期之前，领导和管理者的激情就已耗尽。正确的做法是，循序渐进，持续坚持，实现对人性与团队惰性的突破。具体做法是，第一步，在现场（而不是办公室）选择一支创新先行者队伍，并通过他们的努力，在一个不太长的（半年左右）时间内做出看得见的变化或效果。第二步，以成功的先行者队伍为榜样，借势把精益活动推向所有现场部门，让绝大多数员工不再怀疑精益效果，而且懂得，不管自己喜不喜欢，必须参与。第三步，将精益改善定义为全体员工的“规定动作”，并重点关注员工个人成长，适时进行必要的培训，让员工在参与中获得成就感（对自己成长的感知）。

企业领导要充分理解人性特点，对精益导入初期出现的员工抵触情绪或被动态度，不抱怨，不责备，坚定信念，持续推进，耐心守望员工和团队的改变和进步，进而逐步收获精益改善成果。

其二，要处理好改善技术与精益的关系。改善技术是深化精益的工具、学习方法，活用工具才能提高解决问题效率。

众所周知，解决问题通常是一个“由易及难，由表及里”不断深入的过程。在这个过程中，人们所遇到的问题可能会越来越隐蔽，越来越精细，越来越困难，如何快捷地发现问题，如何深入地分析问题，光靠日常工作经验是远远不够的，需要学习和掌握必要的改善技术。改善技术有很多，常见的有5S（用来发现和解决整理、整顿、清扫等问题）、QC（用来分析品质等问题产生的原因等）、TPM（全员生产性保全）、IE（用来识别浪费的工业工程）、VSM（用来分析流程价值和流程浪费的价值流程图方法）、6Sigma（统计分析工具和解决问题方法）等。有趣的是，这些改善技术都宣称自己有相应的活动推进方法，但事实是每一种改善技术都存在专业上的局限，不能系统解决企业存在的所有问题。

但在现实中有一种极其有害的倾向——可以说是误区，即工具至上或工具迷信——正阻碍人们做好精益。经常听到来自企业的这种声音："我们去年做了5S，今年想做TPM""我们过去导入过IE，现在想做6Sigma""我们以前做过6Sigma，效果不好，现在想做阿米巴"……说这话的人，肯定已经掉进了工具至上或工具迷信的泥潭。工具至上或工具迷信的后果是严重的，在企业领导的"好学"和坚持下，就像熊瞎子掰苞米似的，不断追逐并导入各种新颖的工具和方法，不仅很难获得持续的管理提升和智慧积累，还搞得员工疲惫不堪，浪费大量的机会成本。

正确的认识和做法应该是，以精益思想为信仰（旗帜），以精益目标为导向，在促进全体员工积极参与精益改善活动的同时，根据需要对员工进行针对性的改善技术培训，引导员工自主学习，帮助员工快速成长。刘承元坚持认为，员工学习是为了改善，改善是员工最好的学习。

总之，为了做好精益，人们要做工具的主人，绝不能成为工具的奴隶。

其三，要处理好活动机制与精益的关系。活动机制是推动精益的抓手，导入机制，规范运营，才能推动精益持续向前。

许多人抱怨，理念懂了，方法也学了，就是不知道怎么推动精益。有时候，即便能够获得一些改善成果，也往往是昙花一现，不可持续。即便是丰田人也没有清楚地解答活动机制与精益之间的关系，或者不愿意说清楚它们之间的关系。根据刘承元的经验，其原因在于，要不断推动精益活动持续向前，就不得不运行员工改善提案、现场自主管理、焦点课题改善等几个改善活动机制。只有这样，才能不断取得改善成果，让改善跃上更高境界。

所谓员工改善提案机制，是指以“促进员工参与改善”为目标的个体改善活动。这项活动是通过制度化的奖励措施，引导、鼓励和约束员工个体，时刻关注自己身边的问题，主动解决自己身边的问题，从自身做起，从不花钱、少花钱就能做的改善做起。持续开展这项活动，不仅能够提高员工认识问题和解决问题的能力，培养员工强烈的主体意识，有时候也能收获意想不到的大创新、大成果。

所谓现场自主管理机制，是指以“改良现场管理‘体质’”为目标的现场改善活动。这项活动是通过导入自主管理制度，规范和约束现场班组，以半年或一年为周期，规划、实施以班组为单位的上台阶（由易及难、由表及里）改善。持续开展这项活动，不仅可以及时解决现场5S、微缺陷、发生源以及作业标准化等方面的问题，做到防患于未然，还可以为企业经营目标的实现提供基础保障。

所谓焦点课题改善机制，是指以“提升企业经营绩效”为目标的绩效改善活动。这项活动通过定义与公司经营绩效密切相关的焦点课题，成立由管理干部或骨干员工组成的部门或跨部门改善小组，并对改善小组的改善活动进行有效管控，最终达成提升经营绩效的目的。开展这项活动，可以让团队智慧聚焦于企业经营重点，强化战略推动力，是企业领导实现战略目标的重要途径。

有人或许会说，没有这些活动机制，也可以做精益，此话不假。但不得不说的事实是，改善活动机制好比铁轨，在铁轨上注定会比在泥巴路上跑得更稳、跑得更快，精益改善也是如此。

其四，要处理好推进组织与精益的关系。推进组织是精益成功的保障，明晰责任，营造氛围，才能激发团队改善活力。

在精益导入阶段，企业需要设立专职推进部门，配置专职人员，负责规划、推进、指导和评价公司及部门精益改善活动。当刘承元提出建立这个部门的时候，有的企业领导十分不解。都说精益就是要节流降本，为什么还要额外增加人员负责推进工作，这不是制造新的浪费吗？

为什么需要推进组织呢？原因是，一般企业的组织架构都是纵向设计的，他们通常习惯于接受纵向命令，完成纵向任务目标。而精益改善活动，一方面通常需要跨流程横向规划与分析，需要跨部门横向协调与实施；另一方面，精益改善活动游离于纵向指令系统之外，通常需要营造氛围。所以，成立一个精益专职推进部门，是精益成功的组织保障。

这个推进组织除了负责全局推进的专门人员之外，各部门还需要配备负责工作接应的改善先锋小组或先锋队员。推进部门除了基于三大机制推进员工提案、自主管理和课题改善活动之外，最重要的工作就是做好“导演”，为员工搭舞台，教员工学方法，促进各级领导和基层员工的良性互动，也就是说营造浓厚的改善氛围，创造不得不改善的环境和条件。

营造改善氛围的内容是丰富的，具体包括召集现场诊断会、现场观摩会或改善之旅等活动，让企业领导亲临现场，欣赏员工改善成果，对员工进行面对面交流激励；召集课题改善发表及表彰大会，让部门领导、管理者和员工有机会站上庄严的讲台（舞台），展现风采，感受能量和压力；展开诸如业绩、改善、技能以及康乐等各种类型竞赛活动。在营造改善氛围的过程中，企业领导对活动的积极参与和对员工的由衷欣赏是关键。

为了推动精益活动持续向前发展，在2～3年导入阶段之后，将精益推进部门升格为常设的经营革新部门是一个相当不错的做法。

其五，要处理好活动形式与精益的关系。活动形式是精益改善的载体，活用形式，丰富内容，才能累积精益改善智慧。

在推动精益过程中，需要借助各种有效的形式，如红牌作战（问题票活动）、油漆作战、定点拍照、现场诊断、改善之旅、早会诵读等，以便对员工参与的改善活动实现强推动。活用这些被证明是有效的形式，对营造改善氛围，转变员工意识，统一团队意志，具有重要的现实意义。

现实生活中，人们对形式主义深恶痛绝，因为形式主义只注重形式，不注重内容，脱离现实，没有实效。在刘承元团队辅导企业导入精益的时候，有些企业领导明确提出，不要搞各种形式的东西，只要手把手教导员工使用解决问题的工具、方法就好了。抱此想法的人，错就错在把形式和形式主义画上等号。其实，形式和形式主义是两码事，在管理实践中，为了获得四两拨千斤的效果，就不得不借助一些有效的形式，而且始终追求形式和内容的统一。

比如，为了让员工在现场及时发现微小缺陷，然后消除这些缺陷，领导可以口头或书面对员工提出要求，其结果是，少有人会认真对待领导要求，效果肯定大打折扣。相反，如果以“红牌作战”这样的形式来规划、动员、实施、总结和表彰“消除微缺陷”活动的话，效果就会是另一番景象。在活动中，通过引导全体员工自主发现问题，并饶有兴趣地自己填写“红牌”或“问题票”，张贴于微缺陷处，既能够促成快速解决问题的行动，还有利于培养广大员工强烈的问题意识。

又比如，为了统一员工对精益管理的认识，培养员工正向改善思维，企业可以请老师来给员工讲解精益管理知识，一次不行两次，两次不行多次……但这样做既浪费人力、财力、物力，又不能获得期望的效果。如果能够要求全员（以部门或班组为单位）每天早会诵读三遍《精益改善十原则》的话，不出三个月，这些精益理念和改善思想就能深入人心。

总之，刘承元在反对形式主义的同时，又倡导借助良好的形式，为不断升级的精益改善活动服务。

7

『管理密集』新思维：3A顾问为什么总能赢

在高度竞争的今天（刘承元称之为后营销时代），决定制造企业命运的主要是制造管理技术水平的提升，而不是人们从前所依靠的金点子、牛策划和高投入等。当然，提升制造管理技术水平绝不是一朝一夕的事情，而应是企业长期努力与追求的目标。

狭路相逢，勇者胜

丰田生产方式创始人大野耐一先生，曾信心百倍地到中国来推广他的丰田生产方式TPS，但最终草草收场，没有成功。同样的事情还发生在世界500强企业富士施乐深圳公司，他们在深圳公司有员工8 000多人，如何激活团队，促进团队成员主动参与精益改善，成了历任董事长面临的一大难题。他们想了很多办法，先后请了多家日本咨询公司和一家美国咨询公司，钱也花了出去，却总是雷声大雨点小，最后不了了之。

2006年春天，富士施乐新任董事长稻垣先生来到深圳后，看到深圳公司暮气沉沉的样子，很不满意。他吸取了多次请国外咨询公司失败的教训，想找本土顾问公司试试。他很快就打听到，理光深圳公司在激活团队与精益管理方面做得很好，而且有中方高管离开理光做咨询公司了。于是，稻垣先生找到了刘承元，并约好在酒店一起用晚餐。参加晚餐会的有董事长稻垣先生、刘承元、富士施乐总经理、制造部长和技术部长5人。交流的焦点只有一个：如何激活团队，促进员工主动参与精益改善。这正是刘承元和他的团队所擅长的。最后，稻垣先生与刘承元口头约定了合作协议条款，并要求尽快启动。

经过数年的咨询辅导，富士施乐深圳公司的面貌焕然一新，效率得到大幅度提升。特别令人欣慰的是，8 000多名员工参与精益改善的积极性被点燃，形成了良好的改善氛围。这要归功于刘承元和他的团队。在接下来的数年里，富士施乐深圳公司每年都会派出优秀改善代表队参加集团总部在东京召开的改善发表大会，而且多次获得大奖，深圳公司从此上了光荣榜。人们普遍想知道，刘承元团队是怎样做到的。

下面列举一个例子加以说明，以前日本专家顾问来到工厂后，带上秒表、摄像机等各种道具，身边跟着几个助理，到现场找问题，测浪费，然后安排员工做改善。一切看似正常，而且日本顾问们很敬业，很卖力，精神可嘉。但是，这种点对点的做法，即便能够收到一些改善效果，对于8 000多人的大场面，影响力也是十分有限的。更尖锐的问题在于，这样的专家辅导并不受员工待见，因为员工总是被外人指指点点，总有被冒犯的感觉，感情上不接受，促进员工主动参与精益改善活动成了不可能完成的任务，激活团队成了企业领导的一厢情愿，令其失望不已。

而刘承元团队却采取了与众不同的方法，总会收到令人称奇的良好效果。现以生产线效率提升为样本分八步进行解说：第一步，他们选取一条有代表性的生产线，命名为×××样板线；第二步，组成由骨干员工参与的改善核心小组；第三步，带领团队对生产线进行诊断、摸底，找出影响效率的各类因素，并进行分类；第四步，指导团队制作一般员工听得懂的简易培训教材，并通过录像或图片等对生产线的全员进行讲解培训；第五步，制订改善实施计划，引导员工对自己负责的工序进行改善，专家顾问对改善过程进行针对性辅导；第六步，指导员工按照指定格式，把改善成果写出来；第七步，进行成果发表、效果评比，并对参与过程中的优胜者进行颁奖；第八步，在其他生产线进行推广改善。这是一个皆大欢喜的改善循环，不仅提升了效率，最大的价值在于，让全体员工参与自主解决问题的过程，有利于激活团队，帮助员工成长，培养生生不息的精益改善文化。

这仅是一个例子，不同的现场还需要采取不同的方式方法，但有一点是相通的，那就是聚焦全体员工成长，想方设法让他们参与其中，体验改善过程，收获改善成果和个人成长。因为有了这些成果，富士施乐深圳公司的领导层对刘承元和他的团队的辅导方法心悦诚服，合作一直持续了六年时间。

和美、日咨询公司的同台竞技还发生在其他客户身上，某钢铁企业同时请到美国某大牌咨询公司和3A公司。半年之后，某钢铁企业终止了与美国公司的合作，而与3A公司的合作延续至今。再如，某淀粉加工企业被某世界著名咨询公司的员工职业形象所打动，看到这家公司的顾问师们吃住在5星级酒店，往返交通等不要客户负担一分钱，始终西装革履，谈吐优雅，而且都是985的高材生，于是心动了，签下了合作协议。这些顾问花了数月时间进行大量访谈调研分析后，做成了一个精美的报告，但在落地阶段，他们就感觉隔靴搔痒，还抱怨客户团队执行力太差。为此，老板急了，最后找到刘承元。刘承元团队去了后，很快就找到了几大问题背后的深层原因，并从几条主线出发，动员员工参与改善，既出效果，又培养人才。客户老总发现，刘承元团队懂得从尊重和顺应人性出发，促进员工快乐参与。后来，这家淀粉生产企业终止了和那家世界著名咨询公司的合作，而和刘承元团队合作了三年多。

关于如何颠覆传统咨询模式，实现客户价值最大化，刘承元有着十分精到的认识和做法，其核心思想就是尊重人性，激发善意和创造力。他的精益思想和工作方法非常有效，值得所有企业经营者学习。

如何定义和调动员工积极性

如何才能调动员工积极性，这是一个老生常谈的话题，更是企业中的一大难题。然而，在现实经营管理活动中，又是一个需要重新思考的新问题。原因在于，人们对什么是员工积极性的含义缺乏深究或者理解错误，以至于在所采取的调动员工积极性的措施上无的放矢，甚至背道而驰。其结果是，人们千方百计想调动员工积极性，而真正被调动起来的并非是员工积极性，而是员工对金钱待遇的偏执追求和不断增长的欲望。

刘承元和某上市公司王总在达成合作协议后，有这样一段令人深思的对话。王总告诉刘承元："我们的员工积极性没有问题，顾问只要告诉我们员工怎么做就行了。"其理由是，员工每天加班加点，不到晚上八九点钟都不下班。刘承元提醒他说："每天加班加点不一定是员工积极性使然，有可能是管理者的无奈之举，在计划时间内完不成任务，或者是员工不得已为之，加班少的话拿不到足够的工资。"听完之后，王总若有所思，也开始反省自己的认知。三年后，在刘承元团队的辅导下，这家企业在管理上发生了翻天覆地的变化，不仅有大量的增产订单，员工还可以在五六点钟下班，享受正常的生活，大量处罚条例被束之高阁。其原因与可喜之处在于，这家公司员工的积极性被真正调动起来了。

人们都知道“充分调动员工积极性”的重要意义，而且还懂得“企业最大的浪费是员工智慧的浪费”的道理。但是对如何定义和评价员工积极性却往往说不清楚。人们或者对员工积极性缺乏认识，或者误解了员工积极性的内涵。例如，人们用计件工资制等手段让员工不分白天黑夜地工作，认为是调动了员工积极性；人们通过扣发奖金或罚款等形式让员工轻伤（感冒等）不下火线，以为是调动了员工积极性。刘承元有机会接触许多企业管理者，其中错误理解或盲目认为调动了员工积极性的不在少数。

员工积极性到底是什么？正确的认识是，员工积极性就是员工主动付出智慧的意愿和行动。也就是说，员工在工作过程中能够主动发现问题和解决问题，说明他有积极性。理解了这点，人们就可以反省自己，至今为止的管理方法和管理手段是否正确，看一看有哪些伤害了员工主动付出智慧的制度和做法，以便采取措施和调整政策，改进他们的管理工作。有了正确的定义之后，也就知道该用什么指标来衡量员工积极性了。

在丰田、理光这样一些世界著名企业里，员工的积极性是用“改善成果或发明创造的数量”来衡量的，比如，员工改善提案件数、员工月度改善提案参与率、发明创造或专利数量等。

据报道，华为公司在2018年度的注册专利数全球第一，仅就这一点就可断定这家公司员工的积极性是被调动起来的。当然，许多制造企业并不一定要用专利数量来说事，而用员工的改善数量来表述更恰当。

怎样才能真正调动员工积极性呢？刘承元从以下三个方面予以说明。

管理者必须保障员工的基本权利，按《中华人民共和国劳动法》（以下简称《劳动法》）要求给予员工基本生活环境和条件。没有这些，提高员工积极性就只能是无法实现的良好愿望。也许有人会抱怨：有些企业已没有条件遵守《劳动法》了，老老实实按《劳动法》去做，企业就很难存续下去。刘承元认为，这正是中国制造业的致命伤，许多行业连年的低水平（以压低劳动力和原材料价格为手段）无序竞争，造成了今天这种恶果。刘承元要对那些立志朝前走的企业管理者说，想调动员工积极性，走出今天经济持续下滑的困境，就必须从保障员工的基本权利开始。

管理者必须设法培养员工的自尊，处处体现以人为本的管理原则。显然，一个积极向上的人首先应该是一个自尊的人。很多管理者错以为，基层员工的需求层次低，只要在金钱上予以基本满足，是否尊重并不重要。这种认识以及由此派生出来的管理制度和管理行为极大地伤害了员工的自尊心，是十分有害的。

随着社会的不断发展，员工除了在基本劳动条件诉求方面有着不断提升的需求外，对平等的劳资关系也有着越来越高的期望。企业管理者如果做不到这一点，不仅不能调动员工积极性，反而会导致无人可用。

人们谈到如何调动员工积极性时，或者简单期望金钱等激励政策发挥作用，或者显得手足无措、无能为力。残酷的管理现实表明，一些具有最高工资保障的行业，其企业员工积极性并不是最高的，特别是在新《劳动法》实施后，劳资关系进一步趋紧，调动员工积极性成了经营管理者的一厢情愿。

调动员工积极性，并不是人们通常泛泛而谈的那么简单。刘承元的经验是，在正向激励机制的导向下，积极引导员工参与创造性的工作才是问题的关键。

可见，在落后的管理模式里，管理者号称“奖罚分明”，但是由于只关注作业结果而不关注作业过程，并不能引起员工（被管理者）思考，更不能让员工主动发现问题和解决问题。在这种情况下，奖罚并不能获得作业效率提升，员工也无法在重复的劳动中获得能力提升，更不能体会成就感。这样的管理活动是没有什么意义的。

相反，在先进的管理机制中，管理者把关注的焦点集中在影响效率提升的作业过程上，积极引导员工（被管理者）思考阻碍效率提升的问题，奖励员工把工作重点放在具体解决问题的改善行动上。通过改善，不仅提升了作业效率，更重要的是树立起了员工的信心，让员工拥有积极向上的精神，并在解决问题的意识和能力方面获得持续提升。

当员工能够在工作过程中不断收获个人成长，员工的积极性才能得以保持。可见，员工积极性是什么，如何提高员工的积极性，需要管理者重新认识与思考！

“金牛奖”与“蜗牛奖”为什么有力量

因为长期的积累和良好的口碑，越来越多各行各业的领军企业老板找到刘承元，期望他帮助其团队导入精益管理。这本身是一件好事，但是对于刘承元团队来说，却是一个巨大挑战。一方面，挑战来自于一些高端客户，因为他们团队足够优秀，足够自信，让这些企业员工做出改变谈何容易；另一方面，挑战来自他们需要解决的问题，因为他们管理水平相对较高，若在此基础上再去提升则难度更大。这需要刘承元和他的团队从化解人为（人性）阻力和解决客户管理难题两个方面着手，快速提升自己的专业能力，改良顾问技术。

记得最初时，3A公司和富士施乐达成合作后，遇到的第一个挑战是，富士施乐团队的部分中高层私下议论：“理光在世界的地位还不如富士施乐高，他们凭什么来教我们？”这是十分尖锐与棘手的问题，而且还是一种情绪，它们很难快速消除，稍不留意，就会闹得矛盾重重，骑虎难下。在得到稻垣董事长同意后，刘承元告诉其团队，要采取“迂回”战术，把不配合的部门先放一放（意思是说，教不了你就暂且不教），专门找那些能虚心学习且愿意改变的部门，集中力量强化辅导，就这样坚持了半年。

然后，刘承元和稻垣董事长商议决定，到第七个月时，就在当地大剧院搞一次有2 000多骨干员工参加的大型改善成果发表会和表彰大会，要求所有部门必须派代表上台发表，接受挑战和团队检阅。这样做的目的很简单，就是要让好学的和不好学的在阳光下来一次比拼，打一次擂台，用事实教育团队，懂得倒空自己和积极行动的重要性，懂得“虚心使人进步”与企业不进则退的道理。

发表会和表彰会的效果非常好，给了所有人极大的震动，不仅激励了好学者与愿改者，而且对不学不改的部门形成了巨大的倒逼压力，这是激活团队的有效手段之一。慢慢地，那些骄傲的中高层逐渐领会了顾问的价值与不可替代性。当然，有人担心，万一那些不学不改的部门做得更好，而另外一些好学愿改的部门做得较差，那不就演砸了？其实不必担心，这完全没有可能发生。

格力空调公司是中国知名企业。在为格力空调服务时，刘承元团队也遇到了严峻挑战。是不是超级优秀的企业各方面都做得无懈可击呢？当然不是。本着“世界上一定存在着比现在更好的办法”的信念，刘承元团队进入格力空调公司后，经过调研，决定选几个重要需求做突破。但是，当顾问找到各个部门相关人员协调解决问题时，就遇到了许多软钉子。有人说，这个问题以前已经改过，再改很难；还有人说，这个方法已经试过了，已证明此路不通，再试意义不大……说到底，就是不想动，不愿改。

怎么办呢？其实，刘承元团队也可以请求格力的领导出面，用高压政策压服中层，让他们接受顾问的建议。但这样做可能起到反作用，让人觉得刘承元团队不讲情面，在领导面前告状。经过内部研讨，刘承元团队决定改用更人性化的激励方案来达到目的。工厂最高领导庄总看了方案后，有些担心，平时都是采用高压政策才见效，而这次的激励方案这么软绵绵的，会有效吗？但是，基于对顾问小组的信任，他同意试试。

激励方案以促成“行动”为导向，具体内容是，每月核准一次“改善行动达成率”，然后进行部门比拼，排名一二的部门得奖，颁发“金牛奖”奖牌，外加奖金若干；排名倒数一二的部门也得奖，颁发“蜗牛奖”奖牌，但没有奖金。对奖牌的悬挂有具体要求，不管金牛奖还是蜗牛奖，都要把奖牌直接挂在部门管理者的门口。悬挂期限也有时间要求，或者继续悬挂，或被摘牌为止。连续两个月或两个月以上获得蜗牛奖的部门管理者，需要全额负担金牛奖部门的奖金。这种看上去非常人性化且柔性的激励方案，开始时大家不以为然，几个月后却发现，动力十足。

这个方案之所以能够激励或鞭策人，主要是它对狼性团队管理者具有一种特殊的唤醒意义。因为狼性文化有两个特点：一是以结果论英雄；二是用金钱做激励，个人荣辱早已经置之度外。而刘承元和他的团队，正好是逆流而动，重新唤醒管理者内心即将泯灭的自尊和荣辱观。最后，庄总都觉得十分意外，一群不怕苦、不怕累、不怕骂的管理者，竟然在蜗牛奖的牌子面前服软，开始奋发，开始了艰难的自我超越征程。可见，“金牛奖”与“蜗牛奖”机制特别有效。

刘承元和他的团队，开发出了大量这类唤起员工自尊的激励或倒逼的机制。值得肯定的是，这类基于人性的美好做法，对于当今中国企业和中国社会都有十分重要的指导意义。

管理的精髓在于，活用“机制的力量”

为了理解机制的重大价值，我们先讲一个知名酒店的例子。酒店老总每当看到客人离开客房之后，电视和电灯都开着，就感到心痛。他也曾想过用制度解决问题，但是他明白，客人不仅不会理会他的制度，甚至还可能因为这些制度坏了心情，酒店有可能因小失大。后来酒店员工开动脑筋，想出了一个两全其美的办法来。房间钥匙（IC卡）既可以开门，还可以插卡取电。客人离开的时候就取走钥匙，电源立即被切断。酒店的这个联动方法，属于机制的范畴，是防呆机制的一种（傻瓜都能做对）。它源于智慧，优于制度，管理简单，效果又好。

从故事中，人们懂得一个浅显而重要的道理，制度固然重要，但机制比制度更重要，境界更高。所以管理者务必充分认识机制的力量，活用各种机制，把管理做简单，保障管理效果。大到国家或社会管理，小到企业或家庭管理，都要善用机制的力量。

在“X克化工”精益管理二阶段，当刘承元团队提出把安全管理纳入其中的时候，遇到一个相当棘手的问题，投资方中石化派来的老板认为，在化工行业安全管理方面，按照中石化的安全制度执行就好了。理由很简单，中石化的安全制度是用血的教训换来的，你们一个顾问公司肯定不够专业。从生意的角度来说，这没什么问题。但从客户价值的角度思考，刘承元团队总会据理力争，但双方意见难以协调，怎么办呢？刘承元团队建议刘承元和老板做一次深入交流。

到客户那里后，刘承元和老板做了一次开诚布公的交流。一是，肯定了这位老板的判断，毫无疑问中石化在安全管理方面拥有丰富经验。二是，作为一家顾问公司，在绝大多数产业领域，专业性肯定是不足的。三是，刘承元团队在辅导客户安全管理的时候，主要着眼点不是在制度层面上，而是从防患未然的思维层面上寻求突破。接下来，刘承元让老板设想一个情景：现场有两个容器，一个装着浓硫酸，另一个装着水，需要把水和浓硫酸混合。如何保障安全？通常的做法是，写一份制度，说明稀释硫酸的时候，一定要把硫酸倒入水里，而不是相反。然后对员工进行培训，并要求员工必须按标准操作，否则予以处分。试问，这样就安全了吗？回答是否定的，万一员工犯错了，后果会很严重。

安全管理无小事。那怎么办？刘承元团队一定会引导客户员工思考，能不能想到比制度更可靠的万无一失的办法。在这个例子里，最佳办法是“把装水的容器固定住，搬不了”，只能搬起装硫酸的容器，把硫酸倒入水里。这类办法，就叫防错、防呆机制。至此，老总豁然开朗，连声说：“这样好，这样好！”

那什么是机制呢？所谓机制，就是一种牵一发而动全身的结构化方法，它会对管理对象产生远大于制度的约束力。

根据约束力大小，机制可分为硬机制、强机制、弱机制三种。顾名思义，硬机制产生硬约束，强机制产生强约束，弱机制产生弱约束。在具体管理实践中，各种机制并不是完全等同于三者之一，而更多地介于这三者之间。下面举例说明。

一家企业为了防止员工在装配机器过程中漏装螺丝（最容易犯的错误），人们提出了这样几种机制。第一种，在复数个螺丝盒上安装感应器和蜂鸣器，只要作业者未按规定顺序从螺丝盒中拿取螺丝，蜂鸣器就会报警。第二种，设计一只有复数个手指的机械手，手指末端装有只能吸起一颗螺丝的磁铁。每个装配节拍开始的时候，机械手会自动吸起规定数目的螺丝，操作者只要把机械手上的螺丝装完就行。第三种，事先把每台机器所用螺丝分别配送到不同工位上，各个工位作业者只要把配好的螺丝装完即可。虽然以上三种机制的约束力不同，但是都能不同程度减少员工犯错的机会。试想，如果有人试图以诸如“每漏装一颗螺丝罚款100元”这样的制度来解决问题，那将是十分可笑的。

总结以上事例，人们发现，借助制度的管理通常都是事后实现的，这样的管理不仅效果不佳，而且失败成本和管理成本高。而善用机制的管理通常都是事前实现的，防患于未然，不仅管理效果好，而且管理简单、高效和人性化。

在诸如反腐败、减上访、防犯罪等社会管理实践中，机制同样十分重要。只要人们能够转变观念，走出迷信制度和依赖制度的误区，善用机制的力量，就可以极大地提高社会管理效率，有利于建设和谐、平安的社会。

提出“管理密集”新思维的现实意义

几年前，国内颁布了新《劳动法》，许多企业都抱怨颁布得有点早，让国内企业特别是制造型企业产生极大压力，影响中国制造业竞争力。

刘承元也在思考着一件事：先进国家《劳动法》对老板更苛刻，为什么德、日制造业却一直可以持续发展，特别是一大批优秀的日本制造企业还生存得不错？经过分析，他发现一个很特别的现象，诸如家电、计算机等行业，日本企业都不行了，而汽车、办公自动化以及精密仪器等领域的日本企业却依然竞争力强劲。

透过现象看本质。刘承元发现，家电、计算机等行业管理技术难度偏低，门槛低，无法形成竞争壁垒，而汽车、办公自动化和精密仪器等行业管理技术难度偏高，门槛很高，可以形成竞争壁垒。

众所周知，人们经常根据生产资料属性及其形成竞争壁垒的形态来对产业进行分类。需要大量资金投入的产业，被称为“资金密集型”产业，如钢铁制造业。需要投入高技术或装备的产业，被称为“技术密集型”产业，如IC制造业。一些需要投入大量劳动力的产业，被称为“劳动密集型”产业，如制衣业。还有一些需要投入大量知识的产业，被称为“知识密集型”

产业，如计算机软件开发。

刘承元发现，可以循着这个思路，定义一类“管理密集型”产业，比如汽车、办公自动化（复印机、打印机）和精密仪器等。刘承元在理光工作十年，而且长期研究丰田管理，深深地认识到他们依据“管理密集”获得持续成功的奥秘！当然，汽车和办公自动化等行业可能同时还属于技术和资金密集的范畴。

进一步解构这些行业的特点时，人们发现这些产品大多是诸如“光机电一体化”的复杂系统，也可以时髦地称之为“复杂的系统工程”。子系统之间的协调配合不仅是高度的技术问题，而且是复杂的管理问题。产品装配配合上的细微偏差，就会造成整个系统出现错误或崩溃。特别是汽车、办公自动化设备的使用条件相当特殊，它必须在运动（运转）中保持精度、速度和可靠性。

要理解管理密集的含义，还可以举一个极端的反例来予以说明。例如，计算机应该属于技术密集型产品，但却属于非管理密集型的产品，因为用户个人都可以把它组装完成，而不需要进行特别的管理。汽车和复印机等的组装就没有那么容易，如果没有严密的过程控制，就不可能有好的产品质量。

由于管理密集型产品的生产过程不易控制和难以复制，所以通常可以维持较高的产品售价。而非管理密集型的产品却有一个致命的弱点，那就是生产过程可以简单复制，这就决定了这些产品在维持价格方面无能为力。即便像芯片、计算机这样一些高度的技术密集型产品，其价格的下跌也往往快得惊人。

丰田、本田、理光、佳能、富士施乐等日本企业的持续成功，通用、福特、美国施乐等企业的日益没落，都说明了一个道理，重视管理技术积累和精于制造管理的日本企业更能够在管理密集型行业里有所作为。美国施乐和日本富士施乐的此消彼长就是一个绝妙生动的例子。美国施乐发明了复印技术，并成为办公自动化行业的鼻祖。在字典里，Xerox已经是复印机的代名词，可是今天日本人的富士施乐却通过优良的管理技术传承了施乐的产品和技术。

当然，更多企业的产品其生产过程介于管理密集和非管理密集之间，制造管理技术在提升企业竞争力方面发挥着重要作用。

刘承元提出“管理密集”的概念，目的是要引导企业经营管理者关注制造管理，重视制造管理技术，并着力提升制造管理技术水平。制造管理技术至少应该包括三个层面的内容。

管控技术，或者说标准化管理技术。所谓管控技术就是控制4M1E（4M1E是指人Man、机Machine、料Material、法Method、环境Environment）的一系列管理的方法和技巧，例如，员工训练和管理标准、机器设备保养和使用标准、材料选用和检查标准、作业方法和工艺规范、环境监控和维护标准等。

改善提升技术，如QC、IE、JIT、TPM等。企业运用改善技术的目的就是要不断寻找更好控制4M1E的方法，以此提升产品和工作品质，改善系统的成本和反应速度，持续优化系统的效率等。

动机激发技术，即营造革新改善氛围或文化的“艺术”。一般来说，管理者甚至管理专家往往倾向于将管理技术理解为纯技术层面的东西，而把员工激励简单归结为纯人力资源的任务。而刘承元则认为，卓越企业的卓越之处在于，能够通过营造、改善氛围来激发员工的改善动机，而不仅仅依靠金钱或待遇上的激励，因为金钱和待遇上的激励效果往往是不持久的。

在高度竞争的今天（刘承元称之为后营销时代），决定制造企业命运的主要是制造管理技术提升，而不是人们从前所依靠的金点子、牛策划和高投入等。当然，提升制造管理技术水平绝不是一朝一夕的事情，而应是企业长期努力与追求的目标。

树立冠军信念，让传统产业基业常青

刘承元有一位企业家朋友，是佳联印染公司的胡志强董事长。佳联印染，地处四川省绵阳市三台县，是一家毫不起眼的行业“小弟”，员工有800多人。自2013年以来，企业领导带领团队一起，以精益为信仰，认真学习精益思想，积极采取精益行动，在效益、质量、环保和文化等方面都取得了巨大进步，成了行业标杆。有这样几个量化指标，可以说明它在管理上的统治地位：生产周期，比同行缩短80%以上；人均产出，是同行的一倍以上；百米耗水量，是同行的一半不到，是环保示范企业；人均纳税额远超同行水平……不仅如此，这家企业在精益研发、精益营销和供应链建设等方面都进行了重大改善，收到了良好的成果，为企业可持续发展铸就了生生不息的软实力。

公司属于典型的传统产业，看得出来，通过精益管理，胡董把传统产业做得有滋有味，有声有色。胡董为人谦虚低调，做事执着坚持。刘承元来到胡董经营的企业，并和他及其高管团队成员做面对面交流。在几个小时里，谈了关于战略、精益、人力资源以及企业文化建设等诸多话题，由于气氛轻松愉快，谈话中迸发出了许多智慧的火花。

谈话先从胡董的好学开始。胡董十分虚心好学，一有机会就会出去学习，这在当地是出了名的。团队核心成员甚至担心老总“太好学”，会不会在各个流派思想影响下失去自己的思考。好在胡董不像许多民营企业老板那样，听风是风听雨是雨，把管理时尚（吸引眼球的新概念等）当灵丹妙药，听到什么都想试一试，变着花样折腾员工。他是颇有定力的，经过数年的学习吸收和比较分析，他确信精益管理是企业不断走向卓越的不二法门，而其他专家、教授的思想和观点仅供参考。在他的影响和推动下，团队学习氛围浓厚，对精益思想如饥似渴。尽管管理层高学历者不多，但他们对精益思想认真学习、积极实践的态度令刘承元十分欣慰，比起其他许多高学历管理者来，他们对于精益思想的认知毫不逊色。

关于公司战略和产业转型的话题，胡董表现得旗帜十分鲜明，坚持只做自己的本行——印染，并把它做好、做精、做干净（环保）。在刘承元看来这是他对公司战略（行业选择：印染）和经营战略（好、精、净的追求）的最好表述。当然，在社会普遍浮躁的今天，这样的价值坚守十分不易。胡董回顾说，数年前，就有市领导多次找他谈话，让他赚了钱就尽早想办法转型，即丢弃传统产业，改做高新技术或赚钱的房地产。他风趣地说：“那时候在政府开会，领导总是讲中国创造和高新技术，我都不好意思说自己是做什么的。”几年之后，开发区里的许多“高新”企业要么成为烂尾（有人是为了圈地而来），要么老板跑路。最近市里一位退下来的书记来厂参观，诚恳地说：“小胡呀，对不起，当年我差点误导了你！”

关于公司目标与精益管理，胡董也有清醒认识。他的企业主要做军人迷彩服和职业工装布料的印染业务，他的经营目标是，让全世界军人都穿上佳联印染的军服。这样的目标表述朴实无华，易于理解。公司的展厅中展示着多国士兵身着迷彩服的模型和照片，也印证了这家公司的目标和理想。在胡董的推动下，精益管理也已经从理念逐步转化为管理者和员工的行动，并开始有了收获，其中最大的改进莫过于他对行业传统生产流程做的一次颠覆。他通过设备和工艺改良，把“前处理、染色和后处理”这三个截然分开的工段串联起来，实现了一体化连续生产，不仅提高了生产效率，还极大地简化了管理，降低了员工劳动强度。在交流中刘承元发现，胡董团队成员的共同特点就是学习精益的态度端正，并已体会到精益不仅关乎企业发展，还与员工个人成长密切相关。

关于企业文化建设，胡董表示，员工就是兄弟姐妹，自己是兄弟姐妹中的老大哥。为了员工的成长和家庭幸福要动各种脑筋，并身体力行采取各种办法，让员工养成良好习惯。经过长期的坚持，公司逐步形成了和谐温馨的家一般的企业文化。

有几个事例和小细节颇具说服力。胡董工作之余和员工们有规范必修的体育运动：早上6点到7点是一个小时太极拳时间，请当地学校体育老师领操；晚上下班后有数十分钟的球类运动。现在员工们已经养成了习惯，感觉不做操、不打球浑身不舒服。可是刚开始的时候，大家并不领情，胡董没有办法，只能守在宿舍门口催促，甚至写入人事规定，强制要求员工参与。用胡董的话说，对员工好的就可以强制。要求员工戒烟，具体办法是，“强制”抽烟员工填写戒烟申请书，然后请求员工老婆和孩子在申请书上签字见证，并负责监督。几年执行下来，再顽固的烟枪都乖乖缴了械，这件事深受员工家属欢迎。还有一个细节就是，公司因为食堂规模所限实施分批就餐，公司的安排是先一线员工，然后才是间接员工和管理者，胡董也自己排队打饭。

因为有正确管理理念的引领和强大企业文化的支撑，企业管理变得相对简单。平时乐呵呵、和蔼可亲的胡董，不仅收获了员工的尊重，对管理也是驾轻就熟，脸上写着轻松和自信。胡董最后总结道："我们企业近几年一直是当地纳税大户；员工福利待遇在当地是中上游，工作体面，稳定性好；还因为质量稳定和环保做得好，公司坚持现款现货，客户订单还是持续增长。"可见，只要用心做好精益管理，传统产业也能基业常青！

员工培训一定要选对时机

古语云：“书到用时方恨少”，是劝喻人们在任何时候都不能忘记读书和学习，否则，在需要的时候才发现自己才疏学浅，却为时已晚。但是，如果从这个逻辑出发，对员工加大培训力度的话，若员工觉得没有用，估计效果不会太好，有可能使得大家不开心。若员工觉得没有用时，老板花钱做培训，员工不开心，老板看不到效果更不开心；人资部和管理层组织培训，两头不讨好，也不开心。

为什么会出现这种情况？刘承元给出了答案，那就是，在员工认为不需要的时候做培训，那么大家都会不开心。所以，想要解决这个问题，可以从两个方向出发找到解决问题的办法。一方面是，员工认为不需要培训，所以企业不做培训也就罢了。当然，有些企业认为，做培训总比不做培训好，那就可以接着做。另一方面是，创造员工对培训的渴望，然后对员工进行培训，这样的培训效果才好，才真正有价值。

就如何创造员工对培训的渴望，刘承元给出了答案。他认为，只有有针对性地把员工解决问题的兴趣与信心调动起来，员工开始想改善、想学习的时候，对他们进行培训才会产生效果。

2012年，TCL公司的某事业部请刘承元团队做咨询，刚过半年，就开始名声在外。这时候，集团董事长李东生先生提出，为了集团扩张和进一步国际化，可否让刘承元团队和人资部一起，培养一批具有实战能力的未来接班人。接到任务之后，集团人力资源部许总和刘承元具体商讨了人才培养计划。按照一般顾问公司做法，规划一个系列课程，然后老师讲，学生听，一年或者两年下来即可轻松交差。但刘承元认为，这样做，顾问公司省事，但对客户价值并不大，原因是在员工没有产生学习需求之前，学习效率是很低的。

所以刘承元建议，课程变成两部分，一部分是专家授课，另一部分是学员在顾问辅导下解决管理中的实际问题。学习和实践周期是一年，集团要求每位学员的课题必须完整结案，与年度绩效挂钩。之所以建议集团这样安排，主要是要让学员变得有需求。这项培养计划的对象学员全部是TCL的管理骨干，共80多人。一年培养期结束的时候，在TCL位于深圳科技园的集团总部举办了成果报告和结业式，效果远远超出了集团的期望。特别是李东生董事长很开心，他手捧沉甸甸的《学员学习与实践成果报告》，连说几个没想到，最后说："没想到，培训还可以带来数千万的课题改善价值。"

回忆起与TCL的合作，刘承元还特别提到，TCL的管理者低调谦逊，热爱学习，崇尚改善，与其他大企业比起来，他更喜欢TCL的企业文化。

快乐运营模式，把数万员工动员起来

刘承元团队和唐钢的合作开始于2009年。全球金融危机爆发之后，企业经营者深感管理技术的重要性，唐钢领导请刘承元到唐钢做了一次讲座，讲座的主题是“精益管理与持续改善”。讲座结束之后，就开始了项目合作。

这是刘承元团队的专家第一次深入到一家超大规模企业做咨询。派多少顾问合适呢？开始的时候，刘承元建议派10名顾问老师，每家工厂派一人，还有3人机动。最后因为各种原因，这机动的3人取消，只留下7人组成的顾问小组，每个顾问负责一个厂区。

刘承元团队刚刚进入唐钢的时候，被眼前的规模吓到了，在厂里走一圈就要两个小时。怎么办？光有敬业精神是不够的，即便有手把手辅导的意愿，一个人也很难照顾到这么大的工厂。在这里，刘承元与他的团队以往积累的经验终于派上了用场，即展开精益快乐运营。简单来说，把刘承元团队中的顾问老师从“医生、教练”的双重角色，升级为“医生、教练、导演”三重角色，设法把员工转型为“演员或群众演员”。几年的辅导结果显示，这样的转型大获成功，实现了咨询模式上的又一次颠覆性创新。

中国的企业管理深受美国管理思想的影响，而且可能是美式管理忠实的实践者。科学管理思想已深入人心，被当作企业管理的信仰。科学管理思想的一个基本假设是标准人的概念，即把一线执行者当作机器或工具看待。当然，为了分析和解决效率浪费问题，提出这样一个假设，可以理解，也是必须的。

由于这个理论潜移默化的作用，加上长期形成的金字塔组织架构的影响，在管理实践中，管理精英们就真的把基层管理和员工当作机器或工具看待，并逐渐形成这样三个层级的递进管理，即高层（领导者）、中层（管理者）和基层（基层管理者或员工），有些企业还可能有数个中层。三个层级的分工是明确的，高层负责思考和提出目标，中层负责分派任务和监督，基层负责执行和落地。在绝大多数人看来，这种安排是专业化分工的需要，是符合效率化原则的。

看似符合效率化原则的运行模式，效率其实并不高，而且还比较痛苦，刘承元把它称为“痛苦的管制模式”。这种管理模式之所以效率低，且令人感觉痛苦，是因为以下三点：

力道衰减，结果不佳。众所周知，能量或信号在传递中会逐渐衰减，这是自然（物理）规律，很难改变。在运行管制模式的时候，领导发出指令到转化为结果，也是一种信号或力量传递的过程，所以自上而下逐级衰减在所难免。即便大家付出各种努力，也很难保证效果不打折扣，执行力也很难令人满意。遗憾的是，人们常常抱怨执行力差，但至今没有考虑远离这种落后的管制模式，而是下功夫寻找更强大的监督考核工具。

管理不断加码，效率低下。为了达成期望的效果，管理、监督和考核等工作层层加码。管理者以为，这样就可提高执行效果。殊不知，为了落实监督、管理工作，人们需要设定各种结果基准，还需要制订与结果相对应的工作计划。很显然，管理者花费在计划制订和工作监督上的时间越来越多，浪费严重。更坏的情况是，管理工作变得繁杂之后，管理者忙不过来，还需要从现场抽调人员来打下手，当助理。可见，管理和监督加码的结果是效率低下。

相互抱怨，文化不健康。在管制模式中，最大的问题在于让团队始终处于相互抱怨的恶性循环中。高层抱怨中层执行力差，管理和监督做得不好。中层抱怨基层素养、能力和责任心差，抱怨他们听不懂，教不会。当然，中层还会抱怨高层不理解自己作为夹心层的苦衷，自己累得像狗一样，却得不到领导理解。基层抱怨上司总是像“恶魔”一样盯着自己不放，使自己一点也没有做事情的心情。时间长了，基层员工开始放下各种奢望，觉得干一天算一天，工作就是用时间换待遇罢了。企业文化因此变得越来越不健康。

总之，被人考核或受人监督永远不可能成为一件快乐美好的事情。同样，每天抱着博弈心态，盯守别人言行的人，在获得身份上的某种优越感之外，也会受到来自于被监督者的抵触，内心也不可能快乐。所以，把管理演绎为考核、把监督看成监视的做法，属于痛苦的管制模式，早应该退出历史舞台。

刘承元认为，要放弃管理中处处事事考核、监督或监视的做法，并不是要对员工放任不管。而是主张设法唤起员工善意，促进员工参与和调动员工积极性。一方面，执行工作有没有做好，执行者自己是最清楚的。与其让第三者检查后再报告给上司，不如由执行者自己做出处置，并根据需要报告上司，不仅效率更高，而且执行者心情会更好。另一方面，由于环境变化越来越快，同一问题重复发生的概率变小，在执行过程中及时自主修正，效果会更好。当然，在具体任务执行过程中，如果管理者能够对执行者给予必要的指导和支援，帮助执行者解决问题和达成目标，那就再好不过了。

当然，认清管制模式的弊端，并倡导无监督的自主管理，也不是要否定管理者的作用，而是要求管理者转换角色，在企业内建设“精益铁三角机制”。高层领导要成为投资人、编剧或啦啦队；中层管理者要成为导演；负责执行的基层管理者或员工要成为演员或群众演员。运营“精益铁三角机制”，通过促成三方之间的良性互动，不仅能极大地提高工作效率和工作质量，还能促进团队成员的快乐参与。

第一个互动，要处理好投资人和导演之间的关系。投资人要和导演一起，就剧本（改善计划和改善目标）等内容进行探讨，并达成共识。随后，投资人可以定期或不定期检查导演工作，并提出改进意见。导演要做好进度和质量管控，并及时向投资人汇报工作。

第二个互动，要处理好导演和演员之间的关系。导演的主要工作是，给演员提供舞台，并在必要时对演员予以指导，推动管理改善。导演的工作目标有三个，一是为观众奉献一台好戏，二是把演员打造成明星，三是让投资人获得收益。为了给观众奉献一出好戏，演员的工作也是明确的，那就是全身心投入排练（做改善），做好登台表演（改善成果报告）的准备。必要时，演员要主动请求导演（组）的指导。

第三个互动，要处理好投资人和演员之间的关系。只要导演认为时机成熟，就可以让演员登台表演（进行改善成果发表）。这时，投资人要扮演好啦啦队的角色，由衷地欣赏演员的表演，并予以精神和物质鼓励。只要能够得到投资人由衷的欣赏和鼓励，演员就会感觉台下所有的付出和汗水都是值得的，并从内心生发出一股想要做得更好的力量。

在长期的辅导实践中，刘承元团队带领企业中层管理者一起扮演导演的角色。通过促成以上三个良性互动，在实现企业业绩提升的同时，收获员工的广泛参与和快速成长。而且，在导演的推动下，基层逐步走向自主管理和自主改善，管理者和领导可以省去大量的监督、检查工作，极大地提高了工作效率，更重要的是帮助企业建立起优秀、快乐的革新改善文化。

反对“精英主义”，颠覆“二八法则”

刘承元讲过这样一个故事：据说鳗鱼苗养殖曾经是有相当难度和风险的生意，经常是靠运气吃饭。原因是，鳗鱼苗成活率始终在低水平徘徊，运气好的时候成活率能够达到20%到30%，运气不好的时候就只有不到20%的水平。也就是说，每次在养鱼池里投入100万只鳗鱼小苗，最后活下来出售的只有20万只左右，其中八成左右会沉入池底变成鳗鱼泥。

某家农户有位上了大学的农二代，深知父辈养殖鳗鱼苗过程中的艰辛和无奈，希望以自己学到的知识帮助父辈走出困境。他尝试了许多办法，比如，经常换水以保障水质；改良饲料促进消化；安装保温设备调节水温；等等，但始终不能明显提高鳗鱼苗的成活率。怎么办呢？他想到了求助学校的教授，教授带着助手应邀来到他家住下，开始对养殖过程和成活率数据等进行记录分析。分析结果显示，整个喂养过程没有问题，一切都按照流程标准进行。20%活下来，80%死掉，还与他崇尚的二八法则（20%优秀的创造80%以上的价值）完全吻合。调研的结论有两条：一是，二八法则是自然界的客观存在，不可违背；二是，建议坚持重点主义思想，把能够活下来的20%养好，卖个好价钱，实现盈利！

这位农二代是一位颇有悟性和不服输的年轻人。在一次某实战专家的课堂上收获了一个颇富哲理的管理思想：在管理（团队建设和员工培养）工作中，二八法则是拿来颠覆的！如果听命于二八法则，是管理上不作为的表现！这句话深深地启发了这个年轻人，他回到家后开始了更细致的研究，并关注每次喂食时鳗鱼苗的活动情况。经过多次观察后他发现，每一次投食，对众多鳗鱼苗来说都是一次不折不扣的艰苦战斗（专家称之为博弈）！为了顺利吃到鱼食，它们本能地也是毫无秩序地往上冲。那些身体比较健壮的总能冲在最上面，并顺利地获得了鱼食，而那些身体素质稍差的拼死拼活也很难浮到水面上来。最坏的情况是，几轮搏杀之后会有一批鳗鱼苗最后连一丁点上浮的力气都没有了……数天下来它们就这样活活饿死在池底。这就是自然界中优胜劣汰，适者生存的法则。二八法则成了鳗鱼苗们逃脱不了的“魔咒”。

接下来的思考是，能否通过外力打破这种“魔咒”，也就是人为创造一种环境条件，让身体好的、差的都有机会甚至是均等的机会获得鱼食呢？答案是肯定的，这位年轻人想到了，在每次投食的时候，采用搅拌（在鱼池底部中心向上冲水，让鱼池里的水形成对流）的方法来解决这个问题。实验表明，搅拌的力度大到连身体好的鳗鱼苗都无法抗拒的时候，所有的鳗鱼苗都会被水流推到水面上轻松并且均等地获得鱼食。如此改良的结果让年轻人喜出望外，因为他的鳗鱼苗成活率竟然提高到了90%以上，成了大家学习仿效的标杆。

通过这个故事，人们难道不应该反省一下，至今为止关于人力资源战略的一些错误认知和错误做法吗？难道人们还要听命于二八法则的安排吗？如果知道这位年轻人的挑战和成果，那位认为二八法则是颠扑不破“真理”的教授是否会感到羞愧和无地自容呢？

“鳗鱼苗养殖的故事”告诉人们，如果不在管理思维和方法上做出改变，那么团队建设的结果将受制于普遍存在的二八法则；如果从思维和方法上做出必要的改变，团队建设的结果就不再受制于二八法则，也就是说，人们有可能通过思维（观念）和方法创新彻底颠覆二八法则。

在管理实践中，或者听从专家、教授的建议，或者凭着管理者的个人喜好，人们会自觉不自觉地把关注的焦点放在20%的优秀员工身上，其后果是严重的，只是平时没有察觉罢了。一方面，在少数优秀员工和其他员工之间会出现分化和不和谐现象。因为管理者关注的焦点在20%的优秀员工身上，在资源和政策上往往会给予其极大的倾斜，这些员工自我感觉会越来越好，久而久之就有可能养成说不得碰不得的骄横脾气。有企业高层抱怨，公司里个别优秀员工常常以撂挑子来要挟自己，殊不知这种坏脾气都是高层自己在不知不觉中宠出来的。因为管理者平时的忽视，其他80%的员工成了沉默的或被遗忘的大多数。在这些员工看来，自己并不重要，时间久了，他们在工作上缺乏热情，并且会变得越来越没有信心，责任心也会受损。刘承元的认知是，在一个没有“爱”的环境里，责任心是不可能凭空生长的。另一方面，从长远看，经营或管理绩效还会出现不升反降的情况。对优秀员工，管理者关注或关照过多，往往会增加他们对管理者的依赖情绪，并失去自我向上的动力，时间长了绩效就有可能下降。对沉默的大多数关注不够、教导不足，纵使有再好的考核制度，绩效提升也是空中楼阁。

所以，在团队管理中彻底颠覆二八法则是企业重要的人力资源战略。颠覆二八法则的第一步是，对员工团队要有一个基于“性善说”的基本估计，即团队中的80%经过必要的教导（教育训练）是可以变得优秀或比较优秀的；还有20%没有达到优秀或者比较优秀的水平，责任在管理者，因为管理者没有施以更有效的教导（教育训练）。当然，这种思维并不排除会有个别成员最终无法融入团队的情况发生。

颠覆二八法则的第二步是，创建自主学习和广泛激励的制度和机制环境。在多数企业里，崇尚赏罚分明的思想没有错，问题在于其制度环境往往呈现出“奖（项）少罚（项）多”的局面。这样的制度环境正好迎合了二八法则，是不健康的。刘承元在“精益造物育人”机制理论中有过阐述，一个优秀企业需要设法建设员工自主学习的环境，持续运营全员参与改善和广泛激励（奖励具体的改善行为）的机制，让绝大多数员工在这种积极向上的文化氛围里茁壮成长。

颠覆二八法则的第三步是，在教导和培养员工的方式方法上做出改变。高层和管理者要把关注的焦点较平均地投射到所有员工身上，甚至对业绩一般的多数员工给予更多的帮扶和教导。只要这种帮扶和教导得当，多数后进员工的自信心和责任心就会高涨，绩效也会随之提升；部分优秀员工会感受到后进员工的追赶，激发自己不断挑战的强烈愿望；高层和管理者以雪中送炭而不是锦上添花的姿态示人，在员工中获得越来越多的信任和尊重，并最终形成和谐共进、互助互爱的团队文化。

总之，颠覆二八法则还需要高层和管理者付出足够的耐心，正如一句名言：“罗马绝不是一天建成的。”

人性的“善”与精益的“善”

刘承元始终相信“人性本善”。

经常有人问他，在企业管理过程中到底应该信奉“人性本善”，还是信奉“人性本恶”。要回答这个问题，不妨先听听古代先贤是怎么说的。孔子、孟子认为，人之初性本善；而荀子则认为，人之初性本恶。尽管他们的意见相左，但有一点认知是一致的，那就是“性相近，习相远”。也就是说，他们都相信，人生来的习性是相近的，由于后天的学习和造化，才逐步显现出不同，并可能走向善恶两极。现实中的人更多地表现为两面性，即一面是天使，一面是魔鬼，在不同的时空范围内会有不同的表现。从这个意义上来说，假如这是一个辩题的话，正反双方都能从现实世界中找到足够多的证据来证明自己的主张。

刘承元认为，做精益，就要崇尚人性本善学说，充分认识团队（员工）成长与经营绩效之间存在的关系，并在经营管理实践中最大限度地激发员工的善意和创造力。

相信人性本善，就要坚持并践行“造物育人”机制，这是企业应有的“善”。关于这点，许多经营前辈都有经典的表达。日本松下电器创始人松下幸之助就曾经说过，松下是一所学校，在培养优秀人才的同时，顺便做电器。京瓷创始人稻盛和夫先生也提出了类似的主张。刘承元更是把“造物”和“育人”之间的强（因果）关系进行了科学架构，并形成了中国自己原创的“造物育人”机制理论（也可称为“自主创新经营”机制理论）。造物先育人就是基于人性本善以及利他经营思想提出来的。它倡导：企业有责任帮助员工成长，让员工获得二次就业的能力；企业有责任为社会培养人才，推动社会进步；并在培养人才的过程中收获企业效益。有人抱怨，自己下功夫培养的人才，有些被对手企业挖走，甚至有些直接成了自己的竞争对手，还不如不培养。如此想法，显然是错误的和短视的。每当这个时候，刘承元都会问老板：“因为员工成长了之后会离开，就不再培养员工，难道你就心甘情愿让低水平的员工一直陪伴在你身边，和你的企业一起走向没落吗？”回答显然是否定的。

相信人性本善，就是要相信，一个习惯行善、充满善意的人，是不会主动作恶的。为此，在企业经营管理和推动精益的过程中，人们要采取一切有效的方法、手段，激发员工的善意和创造力，并持之以恒地坚持下去，让员工养成行善的习惯。要实现这个目标，就必须做好三件事情：其一，要正确定义什么叫“善”。在精益中的“善”就是改善，也就是“改方法，善结果”的意思。通过“方法改变”带来“结果向好”的所有活动或工作都是改善，绝对没有分内、分外之别。其二，要降低“善”的门槛。古人说“勿以善小而不为”，意思是说，行善不在大小，行动才是关键。降低“善”的门槛，有利于促进企业员工广泛参与，引导全体员工关注身边的问题，从自己能做的改善做起，并在改善实践中不断提升意识和能力。其三，要有欣赏（领导）和奖赏（制度）“善”的机制保障。员工微创新提案奖励制度以及精益改善之旅活动等，就是激发员工善意和创造力的有效办法。如果企业员工月度改善参与率能够达到80%，甚至更高的话，就可以骄傲地认为，性善说是靠得住的，员工是可以培养和造就的。

在此需要特别提请注意的是，奖赏的“奖”无须太重，太重了反而会阻碍员工的参与。之所以会这样，这也是由人性的“善”决定的。例如，有一家企业，为了调动员工积极性，出台了一份重奖员工微创新提案的制度。最低奖100元，最高奖不封顶，也就是说，再小的提案都能获得不低于100元的奖励。人们可以设想一下，团队里有一部分员工心地善良，但深知自己想写的提案质量不高，根本配不上100元的奖金，他们一定会告诫自己，不能贪公司的便宜，小提案不写不提为好。还有一些没有多想或真想贪小便宜的人，开始试探着写提案。但用不了多久，写提案的人就会被周围的人盯上，或者被管理者敲打，意思是说，那么小的提案拿来换奖金，好意思吗？从此之后，这拨人也不敢提了。还有更多观望的人心想，好在没写提案，否则被误解，被敲打的人或许就是自己。

相信人性本善，就是要区分员工犯错的性质，并区别对待这些错误。刘承元说的人性本善，并不是说员工不会犯错，也不是要简单放弃“惩处”员工犯错的努力。但在大多数企业里，由于缺乏对人性的理解和尊重，罚的条款多而具体，奖的内容少而空泛。其结果是，被罚的人占比高，被奖的人占比小，这是一种很不健康的制度安排和管理惰性。比如，许多企业都有员工犯错的处罚清单，内容涉及违反纪律、违抗命令、损坏公物、做坏产品等，内容十分广泛。人们自觉不自觉地重复着这些管理活动，演绎到最后，好端端的团队，被各种错误的人力资源政策和错误的管理活动搞得乌烟瘴气。

要解决这个问题，有必要区分员工犯错的性质，确认哪些是有意的，哪些是无意的。针对员工有意犯错，如迟到早退、违抗命令等，人力资源部应该秉公办事，予以必要和及时的惩处。针对员工的无意识差错，如工作中的疏忽、遗漏、不熟练等原因造成公司损失的情况，不能一罚了之，而要以宽容的态度待之，并设法引导员工正视问题，动脑筋想办法解决问题，比如，采用防呆机制等方法。

刘承元建议的策略和思路，让越来越多的人走在行善（精益改善）的路上，获得赏识（领导的）和成长（个人的），让有意犯错的人成为被惩处的极少数,如此坚持下去，人性本善学说就会成为现实，企业文化也会逐步走向卓越。

如何选择一家可靠的咨询顾问公司

2012年，传化集团打算请咨询顾问公司，帮助自己提升经营绩效，也想彻底改变传统化工企业现场管理脏乱差的老大难问题。经过千挑万选，最后确定请刘承元的3A顾问公司帮助导入精益管理。双方的合作延续了6年有余，从此，传化公司发生了翻天覆地的变化，彻底颠覆了传统化工企业的落后管理模式。

传化集团董事长徐冠巨对精益管理给企业带来的成效十分赞赏，他认为，导入精益管理不仅收获了经营效益上的进步，更重要的是极大地改善了现场管理的体制和员工队伍的能力，而且这种提高是可持续的。以前的工厂是没法看的，领导自己不想看，更不敢带客户看；现在的传化不同了，领导不仅自己到工厂看，有机会还带着客户到传化看。其原因是，现在的工厂，不仅能够看到干净整洁的现场和保全完好的设备，还能够看到精益管理中积累的大量改善智慧和精神振奋、积极向上的一线员工。

刘承元回忆起和传化公司达成合作之前的交流，颇有感慨。因为当时传化公司选择顾问公司的时候颇费周折，专门被授权负责这项工作的蔡总也是压力重重，所以找了四家顾问公司做比较：北京一家，上海两家，深圳一家。记得早前，中粮集团在选择咨询顾问公司的时候，也同样面临压力，因为市场上的咨询公司鱼龙混杂，他们担心选错了之后，影响个人职业声誉。

记得当时蔡总打电话和刘承元沟通，问了两个问题。第一，你们3A有什么优势？第二，点评一下其他三家咨询公司。针对第一个问题，刘承元问蔡总：“其他三家公司都讲了有什么优势吗？”他说：“讲了，大家都说自己了不起，很厉害。刘博士也请您说说3A的优势吧。”刘承元说：“自己说自己有多厉害意义不大，要别人说才有意义，所以不说也罢。”针对第二个问题，蔡总说：“他们三家都点评了3A，刘博士也点评一下那三家吧。”刘承元回答道：“很对不起，3A公司的职业伦理要求，员工不许点评对手，所以我也不能点评。”蔡总说：“其他人都说了你们的缺点，你们不说，那不会吃亏吗？”刘承元却回答说：“所谓的职业伦理，就是那些比生意更重要的价值坚守，所以不点评对手、不贬低对手没有吃亏。”

最后，蔡总诚恳地问刘承元，可否建议一下，到底怎么选择一家可靠的顾问公司呢？听得出来，蔡总确实很为难，刘承元给出了一个最客观的选择办法。

刘承元的建议是这样的，让四家顾问公司分别列出当下正在服务的客户列表，说明这些客户的大致规模，是从何时开始辅导的等简要信息，并保证列表的真实性。特别需要注意的是，让顾问公司提交曾经服务过的客户列表，是没有意义的。为了保密需要，可以建议顾问公司对客户简称做一些处理，当然也可以告诉顾问公司，你可能会随机抽查列表的真实性。根据列表，蔡总可以做两个比较和判断，一是客户较多的那家咨询公司，应该是比较好的；二是根据列表里的企业规模，确认和自己企业规模是否相当，是否门当户对。

刘承元自信地说，3A顾问的列表，应该不会少于三家列表的总和。以此办法评价、选择顾问公司，既简单高效，又客观可靠。最后蔡总照做了，效果很好。

有人可能会问，这是什么原理？刘承元讲了一个身边的案例，让人恍然大悟。如果你打算到饮食街好好享受美食，在去之前可能会做攻略。攻略一，就是决定“吃什么菜”，如湘菜；攻略二，就是找几家备选的湘菜馆，如找到四家，到现场后，就要决定“去哪家”。估计众口一词都会说，找客人最多的那家，准没错。行将坐下来之前，如果你足够用心的话，还可以看一下，里面的食客跟自己是否身份年龄相仿。如果是，那么恭喜你，你选了一家最好、最适合你的湘菜馆。当然，如果一个中年人一定想尝试一下年轻人的趣味，也不妨挑战一下年轻人聚集的那家店。这个过程不是很值得大家参考吗？

除此之外，刘承元还给出一些中肯的建议，而且切中要害。比如，培训的时候特别像“演戏”一样讲“排场”的咨询公司，做项目肯定不行；公司号称和联合国、德美日等国的超大机构有合作的，做项目肯定不行；号称半年、八个月就能让企业脱胎换骨，利润增长多少的咨询公司，做项目肯定不行；以低价抢客户的咨询公司，做项目肯定不行。

结论是，选一家好的咨询公司真的没有那么难！

8

『精益造物育人』：中国精益思想的诞生

造物系统是船，育人机制是水，水涨才能船高。这是刘承元对“精益造物育人”机制理论最经典的解读与诠释。

《世界经理人》发布“精益造物育人”机制理论

发布“精益造物育人”机制理论，是2012年的事情，刘承元特别感谢一个人，她就是《世界经理人》杂志的总编辑赵女士。

刘承元和赵总编是在圣奥家具成立20周年庆典上认识的。那天，他们两人分别被邀请做庆典嘉宾，来到了庆典现场。在宏大的会场上，刘承元上台致辞、领奖，享受着来自圣奥老总和团队对他崇高的敬意。作为杂志总编，赵老师见多识广，见过不少咨询顾问公司老总，也了解绝大多数企业对咨询顾问公司的评价。她疑惑的是，刘承元博士是如何得到客户如此高规格信任的呢？

带着疑问和好奇，赵总编在晚餐会上找到了刘承元，并约定他回到深圳后，亲自赴深为他做一次深度访谈。如约而至的访谈结束之后，赵总编迫不及待地要把刘承元领衔构建的机制理论进行发布。在2012年11月的《世界经理人》杂志上刊登了刘承元的“精益造物育人”机制理论，同时还配发了对他的采访文章《刘承元的精益中国梦》。

除此之外，赵总编还邀请刘承元做《世界经理人》杂志的专栏作家，定期在《世界经理人》杂志及其网站上发布管理文章。刘承元十分感激赵总编的知遇之恩，在接下来的多年里，他一直坚持在《世界经理人》杂志和网站上发表文章，笔耕不辍。因为刘承元的文章源于实践，高于实践，而且实战性、原创性和思想性兼具，吸引了很多读者，成了名副其实的明星专栏作家。

赵总编力推的“精益造物育人”机制理论，自推出之后，受到了广泛关注，人们特别赞赏该机制理论在实践中得到了很好的验证。都说“实践是检验真理的唯一标准”，从这个意义上讲，刘承元的“精益造物育人”机制理论，是属于中国人自己的原创机制理论，它的价值贡献是巨大的，它解决了困扰中国企业多年的育人问题。

2018年6月30日，刘承元博士以“精益造物育人”机制理论（又名：自主创新经营理论）及其成功实践，和董明珠、陈春花、格力、海尔等个人和企业一起，荣获国务院下属的管理科学学会颁发的第六届“管理科学奖”。中央电视台、搜狐网、新浪网等众多媒体给予了报道。

获得管理领域的认可是极大的荣誉。该奖是依据国务院《国家科学技术奖励条例》，经国家科学技术奖励办公室批准设立的全国性科学技术奖，是管理科学方面唯一保留并受到广泛认可的奖项，此前已成功举办了五届。

“管理科学奖”用以奖励对中国管理科学理论创新、管理实践及管理科学推广普及工作中做出突出成绩的个人和机构。刘承元能获此殊荣是对其“造物育人”机制在国内上千家企业成功实践的认可，也是对该机制理论的肯定。

“精益造物育人”机制理论的演进

刘承元的“精益造物育人”机制理论，并不是某一天的突发奇想，也不是照搬丰田、理光等模式得来的。这个体系的原型在1997年前后提出，后来在实践、总结、提炼、再实践的循环中逐步得到充实和完善。

从1995年初开始，刘承元从饭田先生的沼津公司学习回来，胆识过人的他主动请缨要在深圳公司推行精益管理，未想到立神先生欣然同意。但他有一个十分中肯的建议，考虑到日方管理者对变革缺乏信心，干脆由刘承元组建精益推进办公室，立神先生和饭田先生任顾问，其他日方人员一律不参与。他承诺，如果日方人员有任何阻碍，都由他出面化解消除。后来的推进工作证明，这是一个很英明的决策，省去了大量中间环节，提升了推进效率。

另外，在具体推进活动时，由于饭田先生是导师，所以参照沼津公司的做法成了第一选择。刘承元也以沼津为样板构建了推进组织，设立了一个委员会、一个推进办公室，然后下设八个分科会，分科会负责人由各相关部门领导兼任。八个分科会分别是初期管理、品质改善、员工提案、个别改善、人才培养、自主保全、专业保全和环境改善。实施一段时间，刘承元发现一些问题，看上去组织健全，但却雷声大雨点小，绝大多数分科会不知道做什么，怎么做，当然也有人根本就不想做，就这样坚持了半年多时间。刘承元知道这样下去肯定不行，如果不能快速取得成效，估计周围人包括立神先生都会失去信心。

如何才能打开局面呢？刘承元经过深思熟虑后决定在沼津方法的基础上进行简化，于是，他找饭田先生商量。饭田先生表示理解和支持。简化的目的是，把分散的力量集中起来，把八个分科会精简为三个，因为分科少了比较容易出成果。精简后的三个分科分别是，员工提案、个别改善和自主保全。实践证明，这样的改变很有效，很快一些部门就凝聚了一批骨干分子，成了积极改善的先锋和标杆部门。几个月时间，在现场改善和员工提案方面就涌现出了不少好案例，立神先生特别欣慰，因为现场和员工的改变，使得他对精益管理越来越有信心。这是一个极好的开端。

1997年，为了精益管理可持续开展，刘承元开始思考系统化推进的问题，并尝试构建一个理光深圳模式。这就是“精益造物育人”机制理论的原型。它包括三个层次的内容：一是提出了“3W”目标，即完好整洁的设备、温馨明快的工厂、文明进取的员工；二是推进三大活动，即员工提案、自主保全和课题改善；三是精益基础5S。然后，配备三个专人，分别主导三大改善活动。

刘承元创办咨询公司后，于2002年决定以专著的形式，推广他的精益管理模式。他出版的第一本书是《新TPM活动》。后来，他进一步将精益管理定义为“工厂全面改善活动”，所谓全面改善是“全员、全部门和全流程”的意思。在书中，他特别指出了日本有关专著中的问题，八个分科会的分类办法不科学，而且形式和对象混淆了。其中，员工提案、个别改善和自主保全三个方面是形式，而初期管理、品质改善、人才培养、专业保全和环境改善五个方面是对象或内容，混在一起统称为八大支柱是不对的。所以刘承元建议，员工提案是活动形式，维持不变；自主保全是活动形式，升级为自主管理；个别改善是活动形式，升级为焦点课题改善。而公司内的所有改善对象或内容，都可以根据问题规模的大小，融入到三个活动形式当中去。如此改良，让推进工作更系统、更简单、更科学、更高效。

经过多年的实践、总结和提炼，刘承元和他的团队不断充实这一模式的系统、思想和方法。其中之一，就是思考什么是精益管理基础，如何打造这个基础，思考的结论有三个重要机制：第一个是员工素养训练机制；第二个是员工成长机制；第三个是企业氛围营造机制。企业经营需要顶层设计，企业领导需要有一个经营抓手，最后刘承元定义了这个“利润经营机制”。

在2012年，赵总编希望刘承元把模式发布出来的时候，就已经形成了由七大育人机制和造物系统相互支撑形成的精益管理机制理论。这个机制理论到底应该叫什么？刘承元和赵总编还研究了很久，自主创新经营理论、全员自主改善理论等，但总是不太满意。没有办法，就以“自主创新经营理论”的名字进行了发布。后来，有朋友建议，还不如更直白一点，就叫“精益造物育人”机制理论，这样更好理解。

多年来，刘承元和他的团队在实践中，不断总结、提炼、丰富和完善这一机制理论的内涵，使其更加系统与完善。

中国企业管理升级，终于有了育人机制这个抓手

“精益造物育人”机制理论，是刘承元博士在丰田、三星和理光等企业成功管理经验基础上，结合中国企业管理实际，精心独创出来的架构。它是属于中国人自己的原创管理机制理论与管理思想，在多年辅导企业创新经营和精益管理实践中被广泛运用，硕果累累，有口皆碑。

“精益造物育人”机制理论如图所示，由造物系统（深灰色部分）和育人机制（浅灰色部分）两个部分组成，其价值贡献至少有以下三个方面：

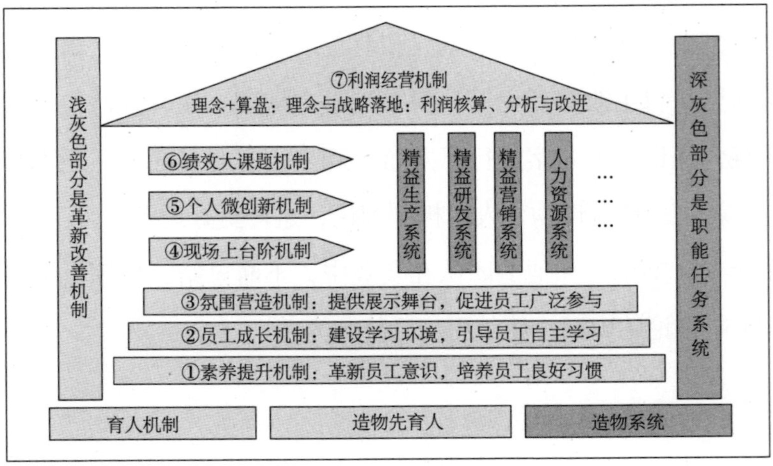

第一，它结构化且清晰地表达了企业经营过程中“造物”和“育人”之间的强关系。图中深灰色部分所示的是企业既有的“职能任务模块”，负责向客户提供产品或服务，是造物系统；而浅灰色部分是现有绝大多数企业尚缺的内容，是负责推动“职能任务模块”提升的“管理创新模块”，是育人机制。如果没有浅灰色部分做支撑，深灰色部分不可能自主提高，就好像没有支点和抓手，人不能拔着自己的头发离开地球一样！

在许多企业里，领导兢兢业业多年，都未能培养出一支优秀的员工队伍，经营和管理提升缓慢，问题就出在育人机制缺失上。弄清楚这个道理后，企业领导就应虚心学习，在企业内逐步建设并持续运营育人机制。只有团队能力提升了，造物系统才会随之提升。

第二，它能够促进企业高、中、基层管理者和员工的广泛参与。企业要真想提升经营管理水平，光有领导的战略和意志是远远不够的，还必须把战略和意志转化为全体员工的创新行动。育人机制就是促进管理者和员工参与创新的最好办法，有了全员参与，经营业绩提升才有保障。

第三，它能够全面提升团队能力。“精益造物育人”机制理论中的造物系统是改善创新的对象，育人机制是促进管理者和员工参与改善创新的抓手。刘承元倡导企业管理者和员工要在事中磨炼意志和技能，在改善创新实践中提升发现问题和解决问题的意识和能力。所以，“精益造物育人”机制理论的提出，具有现实意义和巨大的社会价值。

“精益造物育人”机制理论就像一座结构稳定的房屋，房屋中的各个部分都有其独到的作用。房屋底部的①、②、③是企业经营的三个基础。

①素养提升机制：在刘承元看来，管理基础差首先表现为员工没有良好的生活和工作习惯。企业可以通过持续开展5S（整理、整顿、清扫、清洁、素养）等管理活动来不断革新员工意识，培养员工良好

习惯。

②员工成长机制：管理基础差还体现在员工技能和能力提升慢上。企业可以通过导入技能奖励政策、规划员工成长晋级通道等措施来建设软硬学习环境，引导和激发员工自主学习的意愿。

③氛围营造机制：管理基础差又体现于员工缺乏参与创新和改善的积极性上。企业可以通过打造各种形式的舞台，让员工有机会把工作中的精彩和智慧展示出来，更好地激发员工兴趣，生发员工智慧。

在“精益造物育人”机制理论中，这三大管理基础是优秀企业文化的重要组成部分，是企业领导影响人和凝聚人的重要工作。

房屋中部的④、⑤、⑥三条横梁，是企业进行“绩效改善”的三个重要机制。

④现场上台阶机制：它是打造卓越现场能力的一项改善活动机制。每一个台阶都有对应的改善目标和内容。只要持续推进这项活动，就可以及时消除现场缺陷，纠正错误，提高效率，并提升班组解决问题的意识和能力。

⑤个人微创新机制：它是促进员工广泛参与的一项改善活动机制。企业以制度化的奖励措施引导所有员工个体主动发现身边的问题，动脑筋想办法解决这些问题。通过开展这项活动，可以培养有积极性（主动付出智慧）的员工。

⑥绩效大课题机制：它是全面提升经营业绩的一项改善活动机制。它把部门或跨部门的精英员工组织起来，旨在解决那些与企业经营绩效紧密相关的重点课题。通过这项活动，不仅能提升业绩，还能让骨干员工快速成长。

房屋顶部的⑦，是企业进行“利润或绩效经营”的核心机制。

⑦利润经营机制：它是企业高层进行“利润经营和战略管理”的重要抓手，主要包括“理念+算盘”两项内容。

“理念”是指制订和落实企业经营方针、目标、战略和经营计划的过程。具体内容是，企业高层要负责制订企业经营方针（理念、愿景、价值观等），提出经营目标，研讨经营战略；把每一个经营战略分解为若干个重点课题，制订《年度或半年度经营计划》；指导部门管理者把课题分解为措施，制订可操作的《部门实施计划》；每月一次对各部门管理者进行小范围、面对面绩效经营辅导。

“算盘”是指企业各级管理者进行利润核算管理的过程。企业内要建立健全部门利润核算体系，具体定义出“利润中心”和“成本中心”及其内部交易和利润核算规则。通过算盘管理，引导各级管理者从利润核算表中发现问题，规划和落实改善活动。

上述7个育人机制，与企业既有的造物系统交融生发，形成一个全员改善和持续提升的管理机制理论。造物系统是船，育人机制是水，水涨才能船高。这是刘承元对“精益造物育人”机制理论最经典的解读与诠释。

按照该机制理论所倡导的理念和方法，持续展开经营活动，不仅可以提升企业硬实力，更重要的是，可以获得生生不息的软实力。“精益造物育人”机制理论已经在上千家本土企业的成功实践中得到充分验证。如何形容造物系统和育人机制之间的关系呢？当然，有人担心这个管理机制理论只适用于制造型企业，其实制造型企业的管理是最精细和最科学的管理，值得任何行业的企业借鉴和学习。

战略管理与“利润经营”机制

刘承元写了一个生动的现代版的寓言故事，以此告诉人们，美国舶来的考核至上的绩效主义并不是好方法，要批判地学习，不可迷信。

话说刘翔成功之后，专家、学者们从不同角度进行了研究分析，并提出了各种学说，其中就有专家找到了案例背后的规律，发现对刘翔的成功起到关键作用的是“高精度360度雷达测速法”。专家指出，通过导入这套方法，并辅之以相应的奖罚措施，可以极大地调动运动员的主观能动性，提高运动队运动成绩。一时间，各运动队纷纷花钱请专家，帮助引进“高精度360度雷达测速法”。几年后，运动队的成绩并没有因此提高，至今都没有培养出第二个刘翔来。引进这套方法的运动队管理者，开始议论纷纷，始终没有搞清楚，到底是这套工具出了问题，还是自己没有用好这套工具。

刘翔的故事告诉人们，对于一个运动队的成绩来说，绩效考核（测速）并不重要，重要的是，教练组要和刘翔共同努力，科学规划训练方案，对照要求艰苦训练，还要对训练过程进行不断改善。

把以上现代版寓言故事套用在企业绩效经营上，人们同样可以得出一个结论，那就是，绩效考核和奖罚制度并不重要，重要的是企业高层主导的利润经营活动和企业员工参与的绩效改善活动。也就是说，把企业利润提升的愿望寄托在绩效考核上，是十分错误的。

所谓利润经营活动，是企业高层进行企业经营，推动企业向前发展的重要抓手，是企业内最大的PDCA改善循环。这项活动可以形象地用“理念和算盘”这两个关键词来进行表达。在利润经营活动中，理念和算盘是相辅相成的一个整体，具体包括以下四项重要工作：

利润经营的第一项重点工作是经营战略规划。这项工作具体内容包括：制订企业经营目标、哲学理念，规划经营战略，定义重点课题，并通过研讨会、发布会和培训会等形式进行宣贯，以达到团队统一意志的目的。为了促进员工对公司价值理念的认同，还可以要求员工诵读经营目标和哲学理念。其中，经营战略规划是每年都要做的常规性工作。一般来说，人们可以从三个维度来规划企业经营战略。第一个是企业规模成长维度，讲究做大。需要从产品、市场、客户和模式方面出发，定义规模增长的战略方向。第二个是供应链能力建设维度，讲究做强。需要从研发、生产和营销等关键环节出发，定义重点发展战略方向。第三个是资源效率提升维度，讲究做精。需要从质量、效率、成本、交付和安全等方面出发，定义改善提升的战略方向。然后，人们需要把每一个战略分解为若干个重点课题，为制订经营计划提供依据。战略规划是一个需要缜密思考和逻辑推导的过程，是企业经营的重要环节。

利润经营的第二项重点工作是利润经营计划的制订。企业高层负责制订并发布《利润经营计划》，通过这个计划，向公司各部门进行职能授权，明确指出各部门在战略落地过程中的重点目标、重点课题和重点任务。与此同时，还要指导各部门管理者，找出达成部门目标的具体改善措施，并通过制订《部门实施计划》，把改善措施的具体责任落实到员工个人，进行责任授权。有条件的企业，还可以由经营革新部门或总经办主导，制作一份《绩效施工图》，把提升利润的总目标与员工具体的改善行动连接起来，使提升利润的活动成为一项看得见、摸得着、可管控的施工工程。为了做好经营计划工作，除了学好用好《利润经营计划》《部门实施计划》和《绩效施工图》等工具方法外，更重要的是懂得战略方向、重点课题和改善措施之间的逻辑递进关系，了解职能授权和责任授权的具体含义。

利润经营的第三项重点工作是经营会计的导入和运营。让各级管理者学会经营会计，学会制作部门利润表，并从利润表中找出影响部门利润的关键因子，以便进行针对性改善。许多人都知道，传统的财务会计报表，存在许多不足：一是迟到的结果，经常是次月的中下旬出上一个月的报表，即便发现问题，也只能做事后解决，失去解决问题的最佳时机；二是由于应收款、应付款及库存积压货款的影响，传统利润表并不能很好地反映经营实况，表中的盈利可能是虚的，缺少现金支撑；三是成本数据有打包处理的倾向，以至于经营管理者对成本数据认识不足，不能做出有效反应。

导入经营会计，需要具体定义核算单位主体，决定核算单位主体之间的交易价格，规范核算会计科目等，并需要按照统一格式制作经营会计利润表。经营会计利润表既可以做成月报表，也可以做成周报表或日报表。数据管理做得好的企业，可以尝试做成日报表，以便可以看到当天的经营状况。导入经营会计的好处是显而易见的，主要有三项好处：

可以及时发现经营中的问题，看清影响利润的具体因素，以便及时采取对策进行改善；有利于团队实现有现金流支撑的实力经营；有利于培养团队强烈的利润经营和成本管控意识，聚合团队力量，促进部门协同，朝着同一个目标努力。

利润经营的第四项重点工作是月度质询和辅导。认真做好这项工作，不仅可以促进经营战略的有效落实，还可以极大地提升管理者和骨干员工的意识和能力。具体办法是，由经营革新部或总经办负责召集月度质询辅导会。会议包含两个重点内容，一个是由部门负责人和骨干员工基于月度总结报告和经营会计利润表，向公司领导进行口头报告；另一个是由领导对部门工作进行激励、点评、协调和指导。

月度质询辅导会可以带来的价值有很多，比如，给部门管理者实施辅导，为部门实现目标提供必要的资源支持；可以帮助协调部门之间的关系，为实现目标创造良好条件；通过面对面沟通，肯定成绩，让有成果的部门管理者和员工体会成就感，给后进部门施加正面压力；可以指出不足并指导改进方向，设法让部门管理者和员工保持激情，并愿意付诸积极的改善行动。

月度质询辅导会一定要开小会，不要开大会，原因在于，开小会有三个好处：可以敞开心扉讲真话，免除官话、套话；可以放下面子，展开批评和自我批评；可以深入探讨，追根究底，提高解决问题的效率。

除了月度质询辅导会之外，为了营造部门间良性竞争氛围，还可以打造一间“公司指标室”，把各部门的重要目标、指标、改善行动和改善成果等内容集中展示出来，并通过有领导参加的讲评会等形式，让团队感受成就感和压力。

利润经营活动被誉为“管理中的管理”“经营中的经营”，在企业里有着不可替代的重要作用，做得好的话，可以起到四两拨千斤的作用。只要你用心在利润经营活动中付出努力，就一定能够获得超越期望的可喜成果。

据刘承元透露，圣奥家具倪良正董事长是“利润经营活动”的最佳实践者。十多年如一日，他以高度的“匠心”和“自觉”对待这项工作，收获了巨大的经营成果。毫不夸张地说，圣奥家具能在行业内获得成功，与倪董事长在利润经营上的付出是分不开的，值得各行各业的大中型企业效仿、学习和借鉴。

效益提升与“绩效大课题”机制

2017年初春，刘承元来到位于江西鹰潭的水晶光电工厂，参加一年一度的改善发表暨新年度精益管理启动大会。有两项活动十分隆重：一个是上年度绩效大课题活动颁奖，近百人上台领奖，有金、银、铜奖多名，有鼓励奖数十名，还有进步空间最大奖；另一个是新年度绩效大课题授牌，也是近百人上台，几乎包括所有干部和骨干员工。董事长及相关领导上台，把装裱好的《绩效大课题申请书》颁授给课题申请人。令与会的股份公司林董事长感触很深，他告诉刘承元，这样的仪式可以极大地激励团队向上，效果很好！

水晶光电是一家上市企业，很生动地把每年的绩效大课题活动命名为“百题大战”，比作历史上的“百团大战”。不仅能够启发员工去了解那段历史，激发员工的爱国热情，还极大地提升课题改善活动的格调、深度和广度，效果显著。大家可以设想一下，每年上百个课题，覆盖企业经营的方方面面。所有课题组长，从年初开始就肩负着一份沉甸甸的责任，而且中途还会有人推动他、辅导他，这是一股极其美妙而强大的改善力量。仅仅靠这项改善活动，每年就能获得丰厚的利润增量。

所谓绩效大课题改善活动，就是要聚焦公司重点问题，把部门甚至跨部门的精英员工组织起来，开展有组织的革新改善活动。这样做的好处是显而易见的，不仅能极大地提升企业经营效益，还能打破部门壁垒，提升团队意识和能力。在精益管理过程中，这是一项最能给企业带来财务效益的改善活动，对于树立团队信心十分有效，企业领导要给予重点关注。为了更好地推进这项改善活动，要做好三方面工作：科学定义改善课题；学习和训练课题改善方法、技术；做好课题改善项目管理工作。

要学会科学定义改善课题。根据多年的实践经验，可从多个不同角度入手，科学定义绩效大课题。比如，可以从客户需求出发进行定义，减少客诉、改善交付、优化服务等就是很好的外向型改善课题。再比如，从领导期望出发进行定义，提升效率、降低成本、提升销量或利润等就是很好的经营型改善课题。又比如，从部门关键KPI指标出发，也可以找出大量很好的管理型改善课题。总之，绩效大课题可以涉及销量、利润、成本、质量、效率、交期、安全、环境和人才培养等企业经营管理的各个方面。

要学习和训练课题改善方法、技术。任何课题的改善都是一个PDCA循环。本着改善方法简单可复制和保障课题改善有成效的目的，把PDCA循环进行细化，最后标准化为课题改善八步法或十步法。不管是八步法还是十步法，目的只有一个，让课题改善过程的里程碑清晰可控，有利于过程的管控、成果的保障和人才的培养。

课题改善八步法的八个步骤分别是，第一步，要讲清楚选择课题的理由和背景。如果能把课题改善和公司利润增长或公司战略连接起来，就可以很好地激励团队，让团队每一个人都知道课题改善的重要意义，使改善活动更富使命感。第二步，制订行动计划和行动目标，对整个课题活动的时间节点和目标里程碑提出要求，进行约定，以便对课题改善进行项目进度管理。第三步，现状调查和原因分析，清晰展现问题的状况，然后对造成这种现状的原因进行具体分析，找出真因。第四步，基于分析结果并通过逻辑推导等，导出改善对策方案。第五步，制订改善实施计划，就是把改善措施分配落实到人，并具体约定完成的时间和应达到的程度。第六步，改善对策的实施。在这个阶段，要注意对改善行动和过程进行必要的记录，留下改善痕迹，有利于活动和行动的示范和推广。第七步，改善成果和效果的确认。在确认成果和效果规模的同时，要确认效果的可靠性和持续性。第八步，防范措施的标准化和未来运营的标准化。经过标准化处理的八个步骤，逻辑清晰，是可以进行工业化复制的。所以，借助八步法改善过程训练，可以培养员工工业化思维，提升他们解决问题的能力。

有人问刘承元，很多课题凭经验就可以简单得出结论，何必非要走完这八个步骤呢？答案很简单，一方面，经验不一定正确，迷信经验不可取。另一方面，坚持走完八个步骤，有利于提升员工逻辑思维和归纳总结的能力。所以初学者一定要按部就班，严格按照八步法要求进行改善，不得敷衍。也就是说，在开始学习课题改善的时候，一定要坚持由简入繁的原则，每一步都要认真做，且做到位。等到熟练掌握了八步法推进技巧的时候，就可以迈向另一个高度，可称为由繁及简，融会贯通。有一种课题总结方法叫A3报告，其实就是八步法的简化版。

据了解，许多企业都尝试过开展课题改善活动，但多数时候都收效甚微，而且不了了之。管理者一般的说辞是，工作太忙，没有时间。如何化解课题改善遇到的各种阻力，促进精英员工积极参与，刘承元团队开发出了许多优秀的项目管理方法。比如，使用重要节点管控制度，可以从以下四个方面入手：一是年初要求所有骨干员工自主提出课题申请，然后由改善推进部门确认课题的可行性和必要性，确认完毕后由部门和公司领导签字认可；二是年初举办课题授牌仪式，由企业最高领导向骨干员工授牌，并辅之以宣誓等形式和内容，设法造成一种不得不做的氛围和局面，与许多企业签署目标责任状的做法相比，课题授牌仪式显然更有意义，更能保障活动取得成效；三是由推进部门指定专人进行项目督导，当项目进度延迟或停滞时，可以增加高层领导出席的督导环节；四是半年或一年进行一次课题发表和项目表彰活动，如果公司里的骨干员工都可以参与到这项改善活动中来，想企业领导所想，急企业领导所急，可极大地提升企业经营效益。

经常有人问刘承元，为什么那些500强企业，规模那么大，却总能激发员工努力工作，是怎么做到的？其原因在于，他们会通过类似这样的项目管理机制，把关键工作或战略目标，通过绩效大课题的形式全部授权给骨干员工，然后通过对项目进行督导，帮助课题小组实现目标。课题目标实现了，公司的目标也就实现了。

体质改善与"现场上台阶"机制

现场上台阶改善活动的目的是，促进班组自主管理，改善企业现场管理体质。人们都知道，体质好，病痛就少，寿命就长，企业也是如此。

在世界上有一个流传很广的故事："少了一个铁钉，丢了一只马掌。丢了一只马掌，折了一匹战马。折了一匹战马，败了一场战役。败了一场战役，亡了一个帝国。"可见，一个帝国的兴亡有可能是由一个小小铁钉决定的。也就是说，管理者应该认识到，为了防范重大问题发生，有必要做好每一件小事，所以一定要相信"天下大事，必做于细"的道理。

同样，企业的持续盈利和基业常青，也和企业内的细节管理密不可分。现实情况是，国内企业在细节管理方面差距特别巨大，特别在许多中小微企业里，问题尤为严重，具体表现为：现场脏乱差，形象糟糕；设备故障多，效率低下；员工士气低，得过且过。经常有管理者抱怨，工厂现场脏乱差是常态，即使进行了大扫除，也保持不了多久，员工还经常犯同样的错误，让管理者很困惑。

为什么会这样呢？其原因是，工厂管理的素养水平太低，而且绝大多数中小微企业仅相当于幼儿园或小学水平，这是不争的事实。需要强调的是，工厂管理素养水平之所以如此低，责任不在班组长和班组员工身上，而在于企业缺少对他们进行精益管理和精益改善方面的训练。为了解决这个问题，需持续提升班组长和员工管理素养水平，刘承元团队专门开发了一项“现场上台阶改善活动”。这项活动的导入可以分为六个台阶，每一个台阶都要解决某一类特定问题，完结后才予以晋级。

第一个台阶的主题是精益基础，相当于上幼儿园。在这个阶段，以解决最简单的现场问题为主，具体通过整理、整顿、清扫来完成。这个台阶80%以上的问题解决，经验收合格，就算幼儿园毕业了。

第二个台阶的主题是彻底消除微缺陷，相当于上小学。在这个阶段，要引导员工对现场的所有微小缺陷进行识别、记录，并进行改善和修复。所谓微小缺陷，就是那些看上去对结果影响很小，但又无处不在的不起眼的小问题。当微小缺陷的80%以上消除后，经验收合格，就算小学毕业了。

第三个台阶的主题是两源改善，即发生源和困难源的源头治理改善，相当于上初中。在这个阶段，要带领班组成员一起，对管理上和工作中存在的发生源和困难源问题进行识别、查证，并进行有计划的治理和改善，防止问题再发生。当这些问题的80%解决完，经验收合格，就算初中毕业。

第四个台阶的主题是班组标准化改善，相当于上高中。在这个阶段，刘承元团队要求员工对作业、点检以及润滑等工作进行标准化。通过参与研讨和制定标准的过程，班组成员不仅能够制定出适合工作现场的标准，最重要的是进行了一次自我启发、自主学习和自我培训，还有利于提高执行标准的自觉性。当这些问题的80%或以上解决完了，经验收合格，就算高中毕业了。

第五个台阶的主题是效率化改善，相当于读大学。在这个阶段，要引导员工对自己所担当的操作、点检以及润滑等工作进行可视化和智能化改善，以便实现效率化的目标。当这些问题的80%或以上解决完，经验收合格，就算大学毕业。

第六个台阶的主题是自主管理体制的建立，相当于读研究生。在这个阶段，刘承元团队要求员工把前面几个阶段学到的知识、方法、经验和标准等内容进行归纳和总结，以便形成持续改善的标准和方法指引。当这些问题的80%或以上解决完，经验收合格，就算研究生毕业了。

上述六个台阶的改善活动完结后，并不是上台阶活动的结束，而是上台阶活动自主管理阶段的开始。也就是说，六个台阶导入活动结束后，才开启了现场自主管理之门，以后每半年或一年可以规划和实施上一个台阶，每一个台阶都可以确立一个主题，可以涉及质量、成本、效率和安全等广泛内容。

通过这个持续上台阶活动，既可提高现场管理水平，优化设备管理状态，又可全面提升班组长和班组成员的意识、能力和现场管理素养水平。可能有人会担心现场上台阶改善活动很复杂，班组长和员工学不会。其实，完全不用担心，刘承元团队本着工业化思维，开发出了可复制的简单办法。这个办法共包括五个小步骤：第一步是计划和培训，每一个阶段活动开始前，都要做一个活动计划，做一个培训教材，并对班组全员进行培训；第二步是查找本阶段问题，回头看前面各阶段的问题

（复习），并做成改善实施计划；第三步是具体解决问题，进行针对性改善，并进行必要的记录；第四步是对改善活动和改善成果进行总结与报告；第五步是对改善成果进行诊断、验收、颁奖和颁证。如此循环往复，班组长和班组员工都可以很快掌握活动方法和活动技巧。

现场上台阶改善活动，可取得四方面进步：可以打造傻瓜现场，提升现场管理水平；能够激活班组活力，打造卓越班组；可以改善设备状态，让生产不再停顿；可以打造卓越工厂，让营销不再难做。

可见，这项活动取得的成果极大。在导入这项现场上台阶改善活动后，许多客户领导兴奋地告诉刘承元："因为有了你的团队辅导持续上台阶改善活动，才让我们真正懂得了，什么是'一呼百应'的美好局面。"

在精益管理实践中，经常会听到客户领导有这样的疑问，在现场上台阶活动中，为什么总是从解决小问题开始？之所以这样安排，主要基于两方面考虑：一方面，管理者和员工管理素养提升，和孩子成长一样，是一个循序渐进的过程，所以，在规划各台阶活动目标和活动内容时，始终遵循由表及里、由易及难的原则，切不可操之过急。另一方面，之所以要团队和员工学会聚焦小问题，也是有科学依据的。有一个著名的海恩法则指出，300个小问题放任不管，就会累积成长出29个中等事故隐患，29个中等事故隐患不及时排除，就会发展为一个大事故。也就是说，大事故往往只是冰山一角，想要消除大事故，就必须消除水面下大量的微小缺陷。所谓的预防管理，说的就是这个道理。

在现场上台阶活动中，员工会解决大量微小问题，有时候能够收获意想不到的巨大效果。有一个客户，是做软性电路板的，良品率一直在75%左右徘徊，浪费严重。针对这个问题，企业内部采取了许多办法，做得最多的是，提目标，做考核和激励，但结果总是原地打转。在刘承元团队的辅导下，班组开展了现场持续上台阶活动，在微小缺陷和发生源治理等方面做了近千项小微改善，不到一年的时间，良品率接近90%的水平，行业最高，极大地提升了成本竞争力。他们在活动过程中发现，产品良品率主要与灰尘、异物和振动等微小缺陷有关系。总之，只要持续推进现场上台阶活动，不仅能够让现场管理维持在极高的水平上，而且通过累积看似平凡的小改善，可以显现出巨大的经济效益。班组上台阶改善活动看似基层，却意义重大。

全员参与与“员工微创新”机制

所谓微创新提案活动，就是通过制度化的奖励措施，引导并激励公司全体员工关注身边的中小微问题，并自主解决这些问题。为了简化表达，可以把微创新提案活动简称为提案活动（以下均简称为“提案活动”）。持续推进提案活动，一方面可以培养员工责任担当、主人翁精神和反求诸己的内求意识，另一方面可以激活团队士气，提高员工积极性。

因此，员工参与程度高低是评价这项活动成败的关键，具体用两个指标来衡量：一个是人均提案数量，越多越好，追求人均每月1件以上；另一个是员工参与率水平，越高越好，追求100%。

可能有人会问这项活动的经济价值如何？根据经验，尽管员工提案的绝大多数都是解决一些小微问题，经济价值不大，但对所有提案进行综合评估的话，企业所能获得的财务效果可以达到提案奖金的30～50倍。因此，对每一个提案进行严苛的价值评估，并没有这个必要。为了让大家很好地理解员工提案活动，可以分三个部分进行解读：提案活动是什么，如何进行管理？为什么导入提案活动的企业很多，但成功的企业却很少？如何调动员工参与提案活动的积极性？下面对各部分给予详细阐述。

提案活动是什么，如何进行管理？所谓员工提案活动，是公司通过制度化的奖励措施，引导和激励员工积极主动地提出，并实施任何有利于改善企业经营绩效，提高企业管理水平的改善建议、创新方案和发明创造的管理活动。员工提案活动要求员工尽可能自主实施改善，这种做法完全不同于提意见、写建议。只有这样，才有利于保障活动有价值，有利于引导员工聚焦自己的问题，有利于养成员工自主解决问题的好习惯，有利于提高员工工作效率和技能水平。由于提案活动要求员工在改善实施之后，把改善结果报告提交上来，因此写提案说到底就是写“改善结果报告”，所以，所谓“提案活动”说到底就是“改善结果报告活动”。为了对提案活动进行有效管理，一般需要制定三个标准：第一个是奖励标准，具体定义提案效果、提案级别和奖金之间的对应关系；第二个是提案格式标准，公司事先准备好标准便于员工填写提案；第三个是提案提交和评价流程标准。具体标准文本等，可以参考刘承元的有关书籍。

为什么导入提案活动的企业很多，但成功的企业却很少？刘承元对大量失败案例进行研究后发现，之所以失败，主要有这样几个原因：一是，以经济效益为追求目标，对提案等级评价患得患失，有些企业还特别增加了财务部门审核环节，流程复杂，再三求证，员工很快就会感觉到管理者缺乏诚意，自然也就失去了参与的兴趣。二是，管理者抱怨员工能力差，提案质量低，甚至直接告诫员工，不要再提垃圾提案。如此这般，对员工能力表现出轻视或傲慢的态度，员工是绝不会再写什么提案了，因为自尊心会受到伤害。三是，重奖写提案者，以为重赏之下必有勇夫。有些企业规定，员工每件提案最少奖励100元，最高奖金上不封顶，按10%的比例计算。但写提案者却寥寥无几，原因在于，提高了奖金无形中抬高了提案的难度，绝大多数员工会告诫自己，身边的那些鸡毛蒜皮的小事即便提出来，也对不住100元吧，万一提了被指出来岂不是更难堪。四是，管理者只发布一个提案奖励制度，或者在墙上挂若干个提案箱，就期望员工自动自发做改善写提案。这种做法是在告诉员工，提也行，不提也罢，结果可想而知。因为在这个世界上，从来就不存在完全的自动自发。除此之外，还有人把提案活动和提意见、提建议或者写匿名信等混为一谈，或者总是纠结于员工提案到底属于分内工作，还是分外工作，期望区分之后进行区别对待。为了回答这些问题，刘承元很早就对“改善”一词做过科学定义，所谓改善，就是“改方法，善结果”的意思，没有分内分外之别。总之，要想发动员工参与到微创新提案活动中来，就必须和这些错误想法和错误做法说再见，否则注定无果。

如何调动员工参与提案活动的积极性呢？根据长期成功的咨询服务经验，刘承元建议做好以下五项工作：一是，管理者要充分认识到开展提案活动的重要意义，重视员工提案，尊重写提案者，唤起员工自尊。必要时，管理者要身体力行，和员工进行直接沟通，要求、启发或辅导员工做改善、写提案。二是，把人均提案件数和员工参与率指标作为部门绩效评价指标，以便用组织的力量推动这项工作。三是，把员工是否写提案与月度考评、月度奖金以及年度晋级推荐等联动起来。有的企业在员工月度绩效评价时采用提案一票否决的做法。当月没有提案的，调低当月评价等级，或按比例调低月度奖金。当年提案少于多少件的，自动失去晋级推荐机会。四是，简化提案提交、审核等管理流程，对于较低等级的提案一律由班组长或直属上司说了算。五是，采用龙虎榜、颁奖仪式、抢红包、兑礼物以及部门或个人竞赛等多种趣味性活用形式，营造浓厚改善氛围。所有这些办法都在向员工发出一个明确的导向信号，就是参与提案活动的员工一好百好……

下面，用一个小故事做个总结：从前有人想做慈善募捐，想到了一个不错的办法，就是制作一些捐款箱放在邮局或者其他人们常常驻足的地方。他着实为自己的聪明激动了一番，并期待着成功的那一天。但是，一段时间过后他发现，理想很丰满，现实很骨感。开始时，偶有几块钱投入到捐款箱里，但一段时间后就没有了。后来，这位朋友继续动脑筋，想到了到街头巷尾摆开阵势、声嘶力竭地宣讲自己做慈善的美好愿望，结果比募捐箱做法好一点，但离预期还是有很大差距。最后，他想出一个更好的办法，请大明星一起举办募捐演唱会，使得募捐活动大获成功。

此故事讲述的事情，完全可以直接嫁接到员工提案活动中来。那就是，靠提案箱或者出台一个制度，让员工把智慧捐出来很难；靠基层管理者宣导，让员工把智慧捐出来也不容易；如果企业内的大明星，也就是企业最高领导能够积极倡议，并辅之以各种营造氛围的形式或仪式，员工就会心甘情愿地把自己的智慧分享出来了。

文化建设与“氛围营造”机制

这是一项旨在促进现场活性化，让员工快乐工作的管理活动。

近年来，经常有人问刘承元一个问题，现在的企业员工以80后90后为主了，不好管，怎么办？为什么会有这种困惑呢？

当今社会，60后70后是一个特殊的群体，他们是改革开放之前成长起来的，大都经历过苦日子。是改革开放让他们获得了全新的工作机会。他们为了生计，为了改变自己和家族命运，勤勤恳恳，任劳任怨，甚至逆来顺受，主动或被动放弃了许多权利，包括对环境甚至自尊的要求。过去几十年里，60后70后对工作的态度，真有点把企业和管理者宠坏的意思。而且慢慢地，管理者以为企业员工就应该像60后70后一样听话才对，以至于形成一种不知尊重为何物的管理惰性。

而80后90后，是在改革开放后出生的，他们的成长环境比60后70后优越很多，他们大多没吃过苦，不懂得什么叫艰辛，没有多少生存压力，更希望按照自己的意愿工作和生活。面对这样一群崇尚自由、珍视自尊的新员工，企业管理者们依然希望用对待60后70后的方式来做管理，当然不合时宜了，遭受不配合和抵触在所难免。

在回答如何管理好80后90后之前，先和大家分享一个故事。在理光工作的时候，刘承元有一位精益导师，他就是理光集团的常务董事饭田先生。有一次，他来到深圳，看完工厂之后调侃刘承元说：“刘博士，你30岁的年龄，怎么管出来的企业像60岁。”意思是说，理光深圳公司的企业文化沉闷，老气横秋。饭田先生接着说：“而我60岁的人，管出来的企业，要比理光深圳公司年轻得多！”饭田先生又说：“你猜猜看，是多少岁？”刘承元不假思索地回答：“20岁或18岁。”饭田先生说：“不是20岁也不是18岁，是6岁，因为人最幸福的年龄就是6岁，天真烂漫，快乐无忧。”

在此，人们可以设想一下，假如人们真的能够把企业文化氛围做到6岁的程度，80后90后还会难管吗？回答应该是否定的。自此，可以得出一个重要结论，也就是说，营造良好文化氛围，是企业经营中一项重要的管理活动。

所谓文化氛围，是一个人对团队环境和团队成员间相互关系的内在感受。良好的文化氛围，主要包括两个重要方面，一个是平等、尊重、快乐的工作软环境，另一个是干净整洁、温馨明快的工作硬环境。

营造良好的文化氛围，肯定不仅仅是为了让员工变得好管这么简单，还应该有更多积极的意义。好的文化氛围，会形成良性竞争局面，通常可以获得比个体独立工作时更高的效率；好的文化氛围，会在团队内形成向好的标准化倾向；好的文化氛围，会对团队成员产生正向的群体压力，倒逼员工努力向上。总之，好的文化氛围，有利于培养积极向上的员工，有利于员工之间团结协作，有利于发挥出叠加甚至相乘的效果。

那么，该如何营造良好的文化氛围呢？根据刘承元的经验，主要有以下三项内容：多种科目的竞赛、隆重活泼的仪式、丰富多彩的宣传。下面给予详细阐述：

多种科目的竞赛。刘承元团队主张要摈弃传统的静态管理办法，积极探索和采用各种赛道的比拼活动，全面激发员工参与的热情和兴趣，最终形成“比、学、赶、帮、超”的美好局面。比如，可以开展技能竞赛，让技能工匠脱颖而出。又比如，可以开展精益知识大赛，让全体员工有机会参与其中。还比如，可以开展精益改善或简易自动化创意大赛，充分激发员工的创造性。俗话说，“台上十分钟，台下十年功”。说的是，为了台上时间短暂的精彩演出，员工必须在台下进行艰苦卓绝的学习和训练。所以，规划比拼或竞赛活动，其实是手段，促进员工广泛参与是过程，真正的目的是引导或倒逼员工在竞赛前进行学习和训练，以便提升他们的意识和能力，帮助他们快速成长。

隆重活泼的仪式。为了宣传贯彻公司理念，落地公司战略，配合精益改善活动的强力推动，在一些重要节点，规划并实施隆重的会议或仪式十分重要。比如，年初可以规划年度战略发布会和精益管理启动会。每月可以召集战略落地讲习会和月度改善达人表彰会。半年可以召开一次现场改善之旅和焦点课题发表会。年底可以召开隆重的年度成果发表大会和精益之星表彰大会。刘承元和许多人一样，对形式主义深恶痛绝。但是特别需要说明的是，形式并不等于形式主义，形式是内容的载体，有内容的形式就是好形式。而且，刘承元坚持认为，为了升华团队成员的格调和认知，最好的办法是，把形式上升为仪式，不仅可以营造浓厚的氛围，更重要的是可以让员工接受神圣的洗礼，从内心升腾出一种崇高的情绪，有利于把企业经营做得更好。

丰富多彩的宣传。对员工的工作、改善和生活进行宣传，有利于营造良好的氛围。公司可以制作一个战略管理指标室，把公司和各个部门的关键管理指标进行统一展示，让各个部门的经营管理结果可视化；也可以制作一面精益改善墙，把精益理念、精益行动、精益成果、经益案例、精益之星和精益未来等内容展示出来；又可以要求各部门用管理看板对部门管理活动、改善成果和员工风采进行展示。除此之外，还可以用内部刊物、微信公众号或抖音等多种形式对公司的经营管理和精益改善活动进行宣传，营造浓厚的文化氛围。所有这些营造氛围的活动，都是实现人性化管理的重要手段。它们不仅可以打造温馨明快、生动活泼的文化氛围，有利于员工快乐工作，更重要的是，可以引导员工积极参与其中，倒逼员工自主学习，主动训练，在获得良好工作成果的同时，收获个人成长。

下面和大家分享一个关于营造浓厚文化氛围的好案例。前面说到，刘承元的精益导师饭田先生经营的企业，通过导入企业内吉尼斯活动，并附之以形式多样的宣传和展示，成功地营造出了只有6岁的天真烂漫的美好文化氛围。他倡导的吉尼斯活动是这样的：

先成立一个吉尼斯活动委员会，自己任名誉会长，由员工推举会长和活动执行秘书长。然后公司以专项预算的形式拨出一笔年度活动经费。接着，饭田先生有三个要求，其一，吉尼斯比赛项目必须包括技能、改善和康乐三个大类，不得偏废；其二，要求全员参与，每一个员工必须在任意两个大项中选择至少一个小项参与活动；其三，每个项目每年进行一次预赛和决赛，决出冠亚季军，其中项目纪录创造者将获得“×××吉尼斯纪录”纪念奖牌。

在这里，科学设计三大类比赛项目、比赛规则等是非常重要的工作。

第一类比赛项目，可以规划一个技能比赛赛道。在这个赛道里，企业可以根据自身业务特点决定比赛的小项目，比如，打螺丝、焊接、手工插件、零件加工、木工雕花、叉车驾驶、电器维修、缺陷检查等。

第二类比赛项目，可以规划一个改善比赛赛道。在这个赛道里，企业可以定义这样一些小项目，比如，提案件数、改善创意、改善金额、改善景点、课题发表、现场讲解、OPL等。

第三类比赛项目，还可以规划趣味运动项目。在这个赛道里，可以定义一些不需要特殊场地的竞技项目，比如，立定跳远、俯卧撑、仰卧起坐、引体向上、自行车慢骑、跳绳等。

定好项目之后，就可以定义比赛和奖励规则。为了促进员工广泛参与，防止员工成为看客，公司可以要求员工必须在技能、改善和康乐中选择自己感兴趣的项目，提出申请，并积极参与其中。由于报名人数众多，可能需要采用部门预赛、公司决赛两阶段进行。

为了让各类竞赛活动进行得有声有色，还需要借助各种员工喜闻乐见的形式或仪式。比如，活动开始要召开启动会；活动过程中，要注意进行大量的记录和宣传；活动结束，要举办总结和表彰大会，让优胜者站在神圣的舞台上，接受公司奖牌、奖金，接受观众的欢呼和喝彩。

职业发展与“员工成长”机制

员工成长机制是一项旨在为员工成长创造软硬环境的管理活动。

有一次在清华总裁班讲课，有学员注意到刘承元的简历里有人力资源管理经历，就问刘承元：“可不可以请教一个关于人力资源管理的问题？”在得到肯定答复之后，他说：“上一次听了一位人力资源教授两天的课程，感觉很乱，听得很糊涂。”刘承元说：“你和教授沟通了没有？”他说：“我问了，教授说，要把人力资源N个模块全讲完，至少要十天半个月时间，所以两天课程是讲不清楚的。”

果真如此吗？答案是否定的。事实是，如果不能找出人力资源管理的本质，认清人力资源管理的战略方向，掉入六大模块、七大模块的事务中去，那确实是很费功夫的。相反，如果理解了人力资源管理的本质，讲清人力资源管理，就易如反掌。后来，在学员的请求下，刘承元讲了半天的人力资源课程，他们都说，听懂了，逻辑清晰，道理简单。之所以他们能听懂，是因为他们找到了人力资源管理工作的方向，是因为他们从此读懂了人力资源管理的本质。

人力资源管理的本质到底是什么？在给出结论之前，先来分析一下世界上几个人力资源管理做得好的特殊组织，一个是军队，一个是学校，还有一个是家。这三个组织有这样几个共同的特点：一是，在培养成员的时候，都是以其离开为前提的，军人转业要离开部队，学生毕业要离开学校，孩子长大要离开家庭；二是，虽然知道成员注定要离开，但还是对他们进行毫无保留的培养；三是，这三个组织的组织文化都比较优秀，凝聚力强。如果有人能够把企业打造成如此这般美好的组织，估计员工会十分欢迎。

当然，作为企业，要想向军队学习是有难度的，因为参军是法定义务，对军人的纪律约束要比企业强大得多。要想把企业建成像家一样的组织也是有困难的，因为家有血缘关系维系，成员间的联系要比企业更无私。只有学校的情况和企业最相似，所以刘承元的建议是，设法把企业打造成优秀的学校，让员工带薪上学，这是一项十分美好的事业。

接下来，让人们来分析一所优秀大学的几个重要特征，一是过往的毕业生走上社会之后成就斐然，二是优秀高中毕业生争相报考，趋之若鹜，三是大学治学严谨，对学子用心培养。世界上许多优秀企业都有这方面成功的经验，比如，松下幸之助就是这么说，也是这么做的，值得人们借鉴和学习。大家熟知的华为也是这样做的典范。离开华为的人，成了人才市场上争相抢夺的香饽饽；优秀大学的本科、硕士、博士毕业生削尖脑袋想进华为；在华为内部则是竭尽所能进行系统的培养和严格的锻造。

基于刘承元的职业经验和深度思考，可以得出这样一个重要结论：一个优秀企业的人力资源管理的核心目标是，打造一个进出有序、人才辈出的良好局面。这样一个良好局面包括一个中心，两个基本点。一个中心，是指以“员工成长”为中心；两个基本点是指新人进得来、留得住，老人上得去、走得了。这样一个企业的组织文化才是健康的，有活力和有竞争力的。

为了说明理解人力资源管理本质的重要性，人们还可以用一个反论来予以证明。也就是说，如果一个组织，新人进不来、留不住，老人上不去、走不了，那么这个企业的组织文化就很糟糕。不久前，网络上有一个小视频备受关注，说的是一位女士对着媒体摄像机抱怨说：“凭什么让我们下岗，我们工作十几年，只学会了在收费站收钱，其他什么都不会。”说者无心，听者有意！对于这位女士的处境，人们深表同情的同时，女士个人和她所服务的企业应深刻反省，为什么会造成这样的结局，让自己或员工失去二次谋职的能力。

这就是人力资源管理的本质，理解了这个本质之后，人力资源管理工作就变得有的放矢。也就是说，人力资源部门只要围绕一个中心、两个基本点开展工作，就能够建设起优秀的组织文化，打造一种流水不腐、进出有序、人才辈出的良好局面，为企业经营战略的实现，打造有凝聚力和战斗力的人才队伍。

关于员工培养，企业经营者还有两个认识误区需要纠正。第一个认识误区是，既然培养好了，他就离开，甚至成为对手，还不如不培养了。正确的认识应该是，培养员工的意义是多种的，现介绍三个方面：因为把三流的员工培养成一流员工，企业至少可以收获介于三流和一流之间的价值，任何甘于使用三流员工的企业都是没有未来的；让员工获得二次谋职的能力，以备不时之需，为员工幸福保驾护航；培养员工还可以为社会减轻负担，实现社会价值。总之，员工培养，利人利己、利国利民，何乐而不为。第二个认识误区是，以为培养员工就是花钱给员工做培训。要知道，员工培训在帮助员工成长方面，作用非常有限。过去几十年，国内企业对员工培训不可谓不重视，有人甚至打出“培训是员工最大的福利”的口号。而且许多企业里面还成立了企业大学，期望通过企业大学帮助员工成长。遗憾的是，企业大学也是以员工培训为主。然而，员工对培训这项福利并不领情，参与也不积极，以至于人力资源部门需要对员工参与培训进行各种考核，甚至强制。最后的结果是什么呢？老板不满意，钱花了效果不好；人力资源部不开心，费力不讨好；员工也不开心，耗费时间不说，还学不到有用的东西，并不能提升自己的能力。

其实，帮助员工成长，培训有时只能起到启蒙的作用，对能力提升作用是相当有限的。而软硬学习环境建设就不一样，能够变“逼我学”为“我想学”，倒逼员工主动学习，而且学以致用。

所谓学习软环境，主要包括两个方面的内容，一方面是，建设和运营一套职级晋级体系，为员工的职业发展和个人成长铺设一条轨道，做出一个明确的导引，并倒逼员工学习进步。具体来说，需要做三件事情：做一个职级系统和与之对应的工资体系，为员工的职业发展铺设一个晋级通道；制定一份关于员工晋级推荐和晋级考核的制度和规则，让员工明晰努力的方向；每年至少一次雷打不动地运营这项制度，让员工真正体会到成长的快乐和幸福感以及满满的成就感。另一方面是，导入精益管理改善平台，营造“比、学、赶、帮、超”的浓厚氛围，让员工有机会在参与改善的过程中学以致用，快速提升心智、意识和能力水平。比如，员工微创新活动要求全员参与，每月至少做一个改善，写一份提案。长期坚持做改善，写提案，可以培养员工参与改善的意愿，提升员工发现问题和解决问题的意识和能力。又比如，让骨干员工参与部门或跨部门课题改善小组活动，不仅可以提升用工业化思维解决问题的能力，还可以学习项目管理和组织管理的方法和技巧。还比如，上级领导要求员工经常面对公司领导或客户，介绍自己的改善成果，可以倒逼员工提升总结及发表能力。特别是在改善活动中，通过组织各种形式员工喜闻乐见的比拼活动，不仅可以营造积极向上的组织氛围，更重要的是激发他们的好胜心，倒逼他们勤学苦练。许多企业领导看到员工的这些可喜变化之后，惊叹于原来自己根本不懂员工，不懂管理，说到底是不懂人性。

学习和成长的硬环境也有两个方面的内容。一方面是，培训设施建设、培训经费预算和培训内容规划实施。特别需要强调的是，培训内容规划一定要为工作和改善服务。也就是说，在规划培训内容的时候，一定要聚焦工作和改善，而不是天马行空，满世界找新老师、新内容。人们看到和听到许多大企业人力资源部的抱怨，为了完成培训任务，每天招新老师，为新课程劳力费神，问他为什么，他说：“这是任务，而且每年培训一样的内容，显得多没有档次。”可见，这样的培训不能为企业创造什么价值。另一方面是，员工见识、意识和能力训练道场建设。这个道场，再加上员工培养体系和课程设计，就成了3A的创新项目，叫3A人才工场。具体地说，人才工场里面会包括典型改善案例造型、要点技能培训道具、精益管理体验模拟线、关键管理知识体系等丰富内容。借助人才工场，刘承元团队可以对不同员工进行针对性的教育和训练，可以让员工在见识、意识、技能和改善能力等多方面获得全面提升，为员工的快速成长打下扎实基础。关于人才工场建设的话题，在其不做具体阐述。

刘承元认为，企业通过打造软硬学习环境，不仅可以调动员工主动学习的意愿，更能够对员工进行针对性的教育训练，从此企业就可以乐见员工快速成长。

人们常说企业要永续经营，基业常青，这是每一位企业家都期盼的，一定要把经营的落脚点放在员工的成长上。打造能够促进团队员工自主学习的软环境，才是员工持续成长的关键策略和手段。

素养提升与“日常训练”机制

这是一项旨在改变员工意识，培养员工良好习惯的管理。

关于素养，人们可以听到各种各样的议论。比如，日本人爱干净，素养高；日本人在足球赛后，会自动捡拾垃圾；日本足球队输球后，把运动员休息室打扫得干干净净；日本街道没有垃圾桶，而地上总是洁净如洗，他们都把垃圾带回家。总之，日本人素养普遍较高，而中国的情况则不尽如人意。

其实，看到在素养方面的差距本来是件好事，可以引起大家重视，激起改进的愿望，本不是问题。可惜的是，人们习惯于把这种差距直接往国民性上靠，以至于对员工素养方面的不足采取了漠视或放任的态度，这才是大问题。所以刘承元指出，员工素养不好，即便是事实，也不能成为管理不好的借口，更不能成为企业放任管理的理由。之所以这样说，是因为大量的事实表明，完全可以通过训练，极大地提升国民的素养水平。

先来看这样几个美好的场景：一是中国人民解放军的仪仗队；二

是天安门广场的国庆阅兵式；三是被中国军人叠成方方正正豆腐块的被子。所有这些都是良好素养的体现，能给人们带来极大的震撼。看到这些真实的场景，有人可能抱怨形式主义，浪费资源；也有人看到整齐划一，感觉十分漂亮。

而正确的认知是，训练有素的中国力量，是中国军人非同一般的战斗素养。所以要相信，这种素养水平一定是战斗力的重要支撑，如果撇开武器装备差异，单就军人的素养来说，中国军队就是世界范围内超一流水平。

回到国内企业经营的现实中来，可以发现这样两个大的问题：一方面是员工素养水平低，简单归于员工学业水平低。素养水平看似和读书多少有关，其实关系并不大。另一方面是人们期望通过培训，提升员工素养水平，这也是错的。要提高素养水平，必须通过日常训练，甚至是高强度训练来实现。

所以可以得出这样一个结论，员工素养水平偏低即便是事实，也不能成为放弃管理的理由，通过严格训练是可以塑造出一支拥有一流素养的团队的。

如何打造一支训练有素且有战斗力的团队呢？有一个这样的事例值得借鉴。一位管理者朋友，退休后希望发挥余热，到一家上千人的工厂上班，做厂长。到工厂之后，他发现员工工作状态比较懒散，素养水平偏低。怎么办呢？他没有抱怨，也不想放弃，决定尝试做一些改变：一是，他要求住在工厂宿舍楼里的组长级别及以上的员工每天早餐前，和他一起快走十分钟，训练生活的节奏感；二是，每天厂区早上定时打铃集合做早操，也是十分钟。他说：“这样做效果很好，一年下来，团队精神面貌得到极大改观。”

员工素养一般包括人文素养、职业素养和管理素养三个方面。

提升人文素养水平，主要靠阅读训练来实现。如果你的企业期望提升员工的人文素养水平，你就可以选择一些好的读本，要求员工认真阅读，重复阅读，以便让大家领会书中阐述的要义。

提升职业素养水平，主要靠职业训练来实现。军队的训练、空姐的训练以及工匠的训练都属于此种。如果你想打造一支拉得起来、冲得上去的具有超强职业素养的团队，就可以参考军队的做法，进行纪律、执行力方面的训练。

提升管理素养水平，主要靠日常5S和解决问题的训练来实现。大量的事实证明，通过让员工参与整理、整顿、清扫3S活动，体验现场从脏乱差到干净整洁的变化，进而自己深受影响的过程。正所谓，人造环境，环境育人。在此基础上，加上其他改善（解决问题）活动的训练，员工的管理素养水平会越来越高。

素养水平提升并非一朝一夕之功，需要日复一日的重复训练，并最终让员工养成良好的习惯。也就是说，提升员工素养水平，说到底就是让员工养成良好的生活和工作习惯。为了达成这个目标，就要把各项训练活动定义为规定动作，变成日常工作的一部分。

规划并实施每周一次的集体晨操，把升旗、表彰先进以及训话等融入其中，就可以很好地进行爱国主义教育，为团队树立正确的目标和方向。

规划并实施每天一次的班组早会，把问候、工作安排以及目标理念诵读等融入其中，有利于团队统一思想，统一步调，统一意志。

规划与实施每天一次的清扫点检，把整理、整顿、清扫和工作前的点检准备事项落地到位，让员工养成爱干净整洁、工作一丝不苟的好习惯。

规划与实施每班一次的交班仪式，对平时似有似无的交接班工作进行具象化表达，有利于让交接班变得规范有序，严肃认真。

要求员工每月、每周或者每天做一个改善，每天进步一点点，不断提升员工发现问题、分析问题和解决问题的意识和能力。

不要以为以上这些方法都是一些可有可无的形式而已，其实不然，只要能够保证这些形式得到坚持，而且保障这些形式里的内容都能做到位，企业团队的素养水平就能够得到持续提升，极大地提升团队的战斗力。

那么，让员工养成良好习惯，到底有没有诀窍？事实上，让员工养成良好习惯，就像让孩子养成良好习惯一样，尽管没有捷径，但还是有具体办法和窍门的。像有些家长那样，对孩子大喊大叫，又不懂得训练重要性的做法，终究是没有意义的。要养成良好习惯，就要坚持做好四件事：一是找到一件或若干件，至少每天发生一次的高频次小事情；二是定义或共同约定做这些事情的游戏规则，明确做多少次，做到什么程度；三是按照约定的游戏规则落地执行，最好的办法是一起参与；四是监督执行，确认频次和所做的质量，长期坚持做下去。

从这个意义上讲，做永远比说更重要，更有意义。

企业经营，没有精益哲学真的不行

刘承元十年前曾经写过《丰田超越通用的背后：现代企业竞争中的龟兔赛跑》一文，讲述了美国通用汽车和丰田汽车之间横跨半个多世纪的竞争。可以这么讲，美国通用汽车的发展史基本上就是一部兼并史，机会主义，外延式扩张，是外求的典型。而丰田却走了一条完全不同的路，它本着为社会造好车的信念，发奋图强，内涵式发展，是内求的榜样。在2007年超越通用之前，丰田一直是一个低调的“追随者”，而通用是一个高调的“领导者”。最后的结果是，追随者战胜了领导者，而且这种超越注定是不可逆的！

在这里，我们发现一个有趣的现象，在通用领导世界的时候，专家、学者可以找到许多美好的理由，比如，战略成功、资本运作、神奇总裁等。神奇总裁自己也可以从此大捞一把“名声”资本，并通过卖书、演讲捞金。

而丰田人对战略的认识看上去并不高明，甚至颇有几分“小农意识”；丰田人不擅资本运作，许多能挣的钱却放着不挣；丰田也没有神奇总裁，最应该出“经营之圣”的丰田，却没有经营之圣。丰田人只知道在研发、制造和营销上精益求精，孜孜以求。

仔细观察，你会发现，丰田等一批持续成功企业的管理思想中，蕴含着大量东方文化特质以及我们老祖宗的哲学思想。他们低调、谦逊，做人不事张扬；务实、严谨，做事不折不扣；执着、坚持，追求尽善尽美；平等、尊重，主张全员参与。这些思想看上去不新，却正是这些默默的成功者长期坚守的经营原则和经营哲学。

同样，最近广受关注的两家中国企业，一家是华为，另一家是联想。在过去三十多年里，两家企业也演绎了一个“龟兔赛跑的故事”，为企业经营提供了风格迥异的两个范本。这两家企业几乎同时代起步，联想选择一条相对简单的生意之路，像极了通用；而华为选择了一条艰难困苦的创新之路，和丰田有异曲同工之妙。在中美贸易战越演越烈之际，为了应对来自外部的挑战，两家企业的领导层都主动或被动地做出了各种表态，人们看到了巨大的差距。这种差距并不在领导人智商，也不在情商，更不该归结为公关团队能力的差异，其根本的差异在于，两家企业在哲学思想领悟和价值坚守上的不同。

龟兔赛跑中赢家和输家之间的根本区别在于，赢家富有哲学思想，并愿意付出超出常人的努力；而输家只有眼前的利益盘算，并希望轻松获得快速发展。就是说，做企业，秉承唯利是图、有钱就赚的生意人逻辑，终究是走不远的。企业要想做到基业常青，就得拥有深邃的哲学思想，弃小利存大义，并愿意付出不亚于任何人的努力。

众所周知，精益管理源自日本，但其哲学理念却源自中国。自尧舜中华心法首倡“唯精唯一”，此后老子说“执一”，孔子曰“精一”，管子提出“专一”，精益的思想不断传承和光大。时至今日，我们认为，精益可以成为企业经营的共同信仰，让团队中的每一个人都相信，世界上一定存在比现在更好的方法，要不断创新，持续改善。

刘承元实战经验丰富，还对精益哲学思想进行了系统研究和应用探索。加上近20年成功的精益管理咨询实践，已经总结并提炼出一套符合中国企业实际的精益哲学思想体系。这套体系，除了汲取了优秀企业在生产方式和改善创新方面的精髓之外，还融入了中华文化中的思想精华和适合中国企业实际的方法论和保障机制。

实践证明，企业要想获得可持续竞争力，就需要将精益管理哲学和精益改善基因植入到企业文化中去。也就是说，方法论的学习和运用很重要，但更重要的是帮助企业引入正确的、符合中国企业实际的精益哲学思想。我们坚信，做强中国制造，企业需要精益管理的加持，更需要精益哲学思想的指引。

刘承元和他的团队提出了精益领导力心法、精益经营十原则和精益改善十原则等哲学思想。在精益管理实践中，这些哲学思想正在发挥越来越重要的指导作用。

精益领导力心法

1.立志，立心，以终为始

树立崇高职业理想、信念。并以此作为经营的初心和原点，积极实践，一以贯之。

2.态度积极，意志坚定

拥有良好心态、正向思维。坚持高效执行、持之以恒。

3.相信因果，培养利他之心

因果律是自然法则和宇宙规律，利他是因，利己是果。所以一定要相信，利他之后才能利己，逐步培养利他之心。

4.学会爱与自爱

爱是关注并帮助他人成长的意愿和行动。要获得爱他人的能力，就要懂得爱自己，学会关注自己的不足，促进自己心智、意识和能力的成长。

5.常怀自省之心

行有不得，反求诸己是先贤教导。凡事未能获得预期效果，要主动承担责任，虚心反省自己的不足，只有这样，才能获得进步和成长。

6.倾听与综合

只有耐心、诚心地听，才能听到对方的心声，获得有益的信息。然后，在分析的基础上进行综合，找出事物的本质和规律，以便协调立场，统一意志。

7.拥抱变化，挑战自我，推动创新

经营环境快速变化。经营企业就像逆水行舟，不进则退。领导者要时刻与惰性和懈怠做斗争，拥抱环境变化，挑战自我设限，推动团队创新。

/ 精益经营十原则

1.相信精益的力量

精益不等于结果，也不等于工具或方法，精益是企业经营的一种终极文化信仰，是团队朝着理想的高目标，持续创新和改善的过程。

2.造物先育人

造物和育人是企业经营的两大任务。造物是企业经营的目的，需要建设造物系统；育人是企业经营的手段，需要运营育人机制。造物系统是船，育人机制是水，水涨才能船高。

3.精益以自动侧化和准时化为原则

在管理实践中、既要设法找到傻瓜都不犯错的自动化机制和方法，追求零缺陷；又要以实现准时化为目标，倒逼员工对系统和过程可靠性进行持续改善。

4.精益崇尚防微杜渐和防患未然

越是在源头解决问题，效率越高，损失越小。精益不仅要引导员工关注和解决大问题，更要鼓励员工关注和解决小问题，防微杜渐，并逐步做到防患未然。

5.答案在现场

远离现场，纸上谈兵，不仅不能解决问题，还会让问题变得复杂。只有亲近现场，在现场分析和解决问题，才能及时找到切实有效的答案。

6.现场力就是竞争力

现场力，就是现场员工维持和改善的能力，现场力是感动客户，营销客户的关键力量。所以要眼睛盯着市场，功夫下在现场。

7.精益主张全员参与

问题普遍存在于生产、研发、营销和经营活动的所有方面，人人有问题，人人要改善，所以精益主张全员参与。

8.激发问题所有者自主解决问题

问题是有所有权的。侵犯问题的所有权是令人不快的伤自尊行为。最好的做法是，尊重问题的所有者，设法引导和激发问题的所有者自主解决问题。

9.人造环境，环境育人

为了培养员工改善创新之心，从改变行动开始比从改变观念开始更有效。因为行动变，结果变，然后观念变，坚持下去，最后习惯就会变。正所谓人造环境，环境育人。

10.以穷人思维，实现富人循环

既要以穷人思维和节俭态度消除浪费，又要像富人那样，让团队拥有资源和时间的富余，引导他们投入这些富余进行改善创新，以便创造出更多的富余，实现富人循环。

／ 精益改善十原则

1.打破固有观念

敢于突破固有观念束缚，站在不同角度或更高处审视自己的工作，寻找新的改善切入点。

2.穷则变，变则通

有问题不可怕，可怕的是放任或逃避问题。正确的做法是，视问题（穷）为机会，敢于暴露问题，通过改善跨越障碍（变），达成目标（通）。

3.不找理由，多想办法

遇到问题不找理由，虚心反省自己的责任和不足，多想解决问题的办法。

4.刨根究底

养成刨根究底，多问几个为什么的好习惯。只有这样，才能找出发生问题的根本原因，让改善获得预期效果。

5.改善从我做起

改善是行动的哲学，有行动才会有结果，改善要从我做起。

6.改善方案不求完美，要立即行动

想到好的改善方案，要立即实施，即使方案并不完美也无妨，可以基于实施结果进行再改善。

7.从身边能做的改善做起

改善不能好高骛远，要脚踏实地，从身边不花钱、少花钱及能做的做起。

8.包容非故意犯错，错了马上改善

学会包容工作中的非故意犯错，也包容改善中可能出现的错误。发现错了马上就改，不要拖延。

9.集思广益

三个臭皮匠，顶个诸葛亮。改善要懂得集思广益，挖掘团队智慧，凝聚团队力量。

10.改善无止境

精益改善，没有最好，只有更好。要以精益为信仰，以零化目标为导向，相信一定存在比现在更好的方法，不断改善。

9

落地：做好最难的事情

事实上，每一个企业都有自己不同的问题，管理千差万别，没有一个通用的模式可以让企业借鉴或者照搬，课堂上的泛泛而谈更不能解决企业具体问题。

拒绝“纸上谈兵”

近些年来，有不少红遍大江南北的各路“大师”“神人”连连被拉下神坛，事实证明他们传播的是伪管理、伪命题、伪道学。这些大师共同的特点是“聪明”，他们贩卖的不是管理思想和智慧，而是他们紧扣大众心理的聪明。他们大多没有接触过企业，根本不了解工厂和企业运作，也不敢详细介绍自己的学历与从业经历，生怕露馅儿，只是纸上谈兵。有些人有讲课经验，读了一些书，然后就讲三国，讲易经，讲论语，并无限延伸为管理智慧，殊不知，管理智慧是在实战中生发的。有些人有表演天赋，加上好口才，在舞台上有表演功底，甚至炉火纯青，用极具煽动性的语言为企业家讲课。这样的“大师”，讲的并不是真正的企业管理，只是抄袭的理论说教，虽然煽情，但既无法落地，又误导了客户，贻害无穷。

之所以能让这些“大师”表演并有机会大行其道，和一些民营企业老板的“好学”与无辨别能力有关。他们热衷在课堂上听所谓“大师”的演讲，期望找到“一剑封喉”的招数。今天学一招用用不行，明天再换一招试试还不行，天天变着法的折腾。不仅浪费金钱和精力，还浪费了改变企业、提升企业的大好机会。

工厂管理中存在的问题是具体的，包括丰富的内容，而且不同企业遇到的问题也不同，可以说千差万别。有些企业产品创新做得不好，产品缺乏竞争力，售价上不去；有些企业产品质量无法过关，交付不及时，影响客户信心；还有些企业内控做得太差，浪费严重，企业没有利润。其结果是，销售增长受限，利润率不断下滑，造成相关方不满意。而“大师”们却在批评企业管理者，傻到只做没有利润的制造，而不去做更赚钱的创造与品牌。他们不断煽情，搞得老板们心猿意马，六神无主。

有的“大师”的智慧听起来很有道理，很受启发，令人向往。而“大师”们的讲解却是抽象的，很多是“移花接木式”的讲解，如果真的按照他说的做了的话，不仅行不通，还可能是错误的。比如，有“大师”讲佛学，告诉企业，要像佛教建寺院那样开分店，像管理和尚那样管理企业。是啊，佛教寺庙不用自己投资，建在深山里也能香火旺盛，不用推销，客户自动找上门来，烧香进供。然而，企业必须面对的现实是，材料供应商要涨价，工人还要提高待遇，最难办的是还得求客户给订单。面对这些难题，如果你认为，是这些人的素养出了问题，进而设法让他们一起接受“大师”洗脑，问题就严重了，会让企业走入死胡同。工厂本来就不是寺庙，员工不是和尚，他们有七情六欲，需要工作生活，现实不是佛境，没有可比性。

企业家绝不能脱离企业实际，听一些空谈思想与理论，以及无法落地的管理课，而应多听一些有丰富实战经验的、能落地的管理课，这样才能学有所用，助力企业提升。

为什么管理一定要回到现场

过去，在中国经济崛起的过程中，中国制造业也迅速壮大，机会是重要驱动条件。现在，已经不同了，各行各业都已成熟，到处都是残酷的竞争，机会主义已走到历史的尽头。但是，还是有很多人怀念往昔，总想着抓机遇、找机会，而不太想脚踏实地做管理、抓细节。

制造业管理问题是复杂的、具体的，无捷径可走。比如，中国企业与日本企业相比，单位面积产出、人均产出、一度电的产出等都只有日企的五分之一不到。这就是中国企业管理要解决的问题，无法回避，要敢于面对。

企业管理是一个长期不断改进的过程。富士康总裁郭台铭讲过一个“99.99”哲学。他以日本松下公司生产的白板笔为例，它做得很精致，手感也很好，写出来的字非常流畅。假如富士康也要做白板笔，做到松下白板笔90%的水平，可能只需要一年时间，但要做到99.99%的水平，就要付出比一年长得多的时间。又比如，中国制造的照相机与日本制造的相比，外观上可能相差不多，但功能上却相差甚远，要从90%提升到

99%，可能要用5年的时间；从99%提升到99.99%，可能需要10年，甚至更长的时间。

事实上，每一个企业都有自己不同的问题，管理千差万别，没有一个通用的模式可以让企业借鉴或者照搬，课堂上的泛泛而谈更不能解决企业具体问题。刘承元一直主张现场、现物、现实的“三现主义”。当发生问题的时候，管理者要快速到“现场”去，亲眼确认“现物”，认真探究“现实”，并据此提出和落实符合实际的解决办法。做管理、做顾问也是如此。

现场管理，国外企业有不少成熟的管理方法，比如，丰田的5S、TPM和精益管理，起源于摩托罗拉的六西格玛，ADI半导体公司的平衡计分卡，福特的流程拆解和工业工程学IE等，都是非常有效的方法，可以结合企业的实际加以运用。

归根结底一句话：管理一定要回到现场，落到实处。从课堂到深山，从闭关到悟道是解决不了企业实际问题的！

企业一线员工是价值创造的主体

企业经营目标通常可以分为远期目标、中期目标和短期目标。远期目标只是一个方向性追求，即通常人们所说的愿景；中期目标是企业走向未来的重大策略或路径的具象化表达，即所谓的战略目标；而短期目标是指当前需要努力达成的年度目标。企业经常用战略目标来凝聚员工力量，鼓舞员工士气。

企业战略与经营目标重在落地，再好的战略，若无法落地，也是空谈，毫无意义可言。可见，企业战略与经营目标是靠一线员工实现的。

一线员工非常重要，所以管理要以现场为中心。一线员工是设计、生产、销售产品和向客户提供服务的主体，他们的工作状态直接影响着工作效率、产品质量、订单交付和客户感受。

所以，企业管理者和间接部门员工要始终以现场为中心，设法为一线员工创造愉悦、快乐的工作软硬环境。设法做到让一线员工心情舒畅，并始终保持高昂斗志，这样不仅可以提高工作效率，做出更好的产品，而且还会带给客户美好的体验，帮助企业开源节流。

一线员工的智慧很重要，所以管理要以现场为中心。在创造价值的现场出了问题，比如，遇到设备故障、加工不良、作业延迟等问题，创造价值的过程就会随之停止，这就等于浪费金钱。如果一线员工不能及时解决现场问题，那么这些问题就需要事后由管理者或职员带离现场加以解决。

问题发生之后放置的时间越长，分析问题和找到问题发生原因的难度就会越高，解决问题所耗费的时间就会越长，而且解决问题的地点离现场越远，答案越容易偏离实际。

所以，比事后解决问题更有效的做法，是管理者和间接部门职员以现场为中心，关注员工，引导和激发员工主动发现问题、动脑筋想办法及时解决问题，快速提升他们的意识和能力。

在一些企业中，经常发生这样的情况，管理者和间接部门员工（以职员为主）总觉得自己学问比一线员工高，能力比一线员工强，甚至利用手中的资源掌控权，并以制度的名义，给创造价值的部门和创造价值的一线员工设置障碍，其结果是阻碍他们创造价值。

比如，员工想做某项改进，需要购买一个小备件，请购多时却得不到审批，这会极大地伤害一线员工参与改善的积极性。在这些人看来，要是没有自己签字同意或授权，一线员工估计什么也做不成，并以此证明自己存在的价值。这是十分错误的。

在这些企业里，要特别强调“管理以现场为中心”的重要意义，并从最高领导开始，身体力行地践行“以现场为中心”的原则，并逐步形成管理者和间接部门员工关注现场和积极服务现场（一线员工）的良好管理风尚，这样，才会激发一线员工的干劲，企业才会取得更好的效益。

如何正确理解精益管理的精髓

要正确地理解精益管理的概念，需要先把握住“精”与“益”两字。精，就是在管理过程中不消耗计划外多余的资源；益，就是要让所有管理活动有效益。因此，精益目标是，一方面通过持续不断的精益制造改善，节流降本，追求费用最小化；另一方面通过持续不断的精益营销改善，开源增效，追求销售和利润最大化。从这个意义上讲，精益是一种持续不断追求更高境界的改善过程，是一种经营哲学，也是一种管理信仰。

从形式上看，精益管理的精髓可以用8个字来概括：“全员参与，持续改善”。就是说，即使是一家管理水平较低的企业，只要能够做到“全员参与，持续改善”，那么它也是一家精益企业，它就能够走向美好的未来。相反，即使是一家管理水平较高的企业，如果不能做到“全员参与，持续改善”，那么它也不是一家精益企业，它可能很快被对手超越。

从内容上来说，精益管理的精髓也可用8个字来概括：“精益制造，精益营销”。也就是说，既要以节俭的思维进行改善，追求零缺陷、零库存、零浪费和准时化快捷交付等，降低成本；又要以开源思维，做好营销活动、品牌建设和客户服务，促进销售增长的同时，设法提升或者维持较高的售价。

所以精益管理绝不仅仅是节流降本一条路，开源增效是更重要的内容，对中小企业来说更是如此。

为什么说“现场力”就是竞争力

“现场力”就是竞争力，这应该是公理，只是被很多人忽视了。对任何企业来说，再远大的目标，再优秀的战略，再美好的愿望，最后都要靠一线员工（包括销售、研发、生产和服务）在现场来实现。没有现场员工有效的落地，愿景、目标和战略都会落空，犹如“空中楼阁”。可见现场是一切工作的落脚点，“现场力”是真正意义上的竞争力。

把一线员工的意识、技能、意愿以及解决问题的能力加在一起，就是我们所说的现场力，是现场员工维持和改善的能力。当然，有人会问高层的领导力和中层的管理力也很重要吧？回答当然是肯定的。但是，如果领导力和管理力不能转化为一线的现场力，企业竞争力就无从谈起。

现场力，既是保障产品和服务质量的能力，也是感动客户、营销客户的关键力量。所以，企业经营管理，眼睛一定要盯着市场，功夫下在现场。

精益管理成功落地，没有手把手辅导不行

敢于在客户关键管理指标的改良上承诺效果，而且能够兑现效果，是3A公司的实力体现。3A公司之所以敢承诺效果，其原因主要有三：有一套已形成体系的管理思想、系统和方法，用以指导他们的咨询服务工作；拥有一支来自丰田、三星、理光等世界500强企业的具有丰富成功职业经历的顾问队伍；有一套独有的能保证有效落地的管理咨询模式。

所以，刘承元团队的咨询服务不仅帮助客户制订方案，还负责手把手辅导客户方案落地，不仅能收获由方案落地带来的管理成效，更重要的是能提升客户管理者和员工的意识和能力，所以客户满意度很高。一般来说，在三年规划期内几乎所有客户都会选择和3A公司续约（突发情况除外），这么高的续约率在业界是极为少见的。

从实战咨询效果来看，3A公司已实现了对世界四大著名管理咨询公司的超越。3A公司不止一次在客户那里遇到世界著名管理咨询公司，但3A公司的项目得以续约，而客户却终止了与世界著名咨询公司的合作，

就是很好的证明。

当然有人会说，世界著名管理咨询公司主要是卖方案，他们方案做得很好，落地实施不好是客户执行力不好的缘故。但刘承元要说，中国企业职业化水平偏低，团队能力差强人意，不进行手把手辅导，方案就无法落地，就不能取得较好的咨询效果，这是中国企业的实际。如果世界著名管理咨询公司不能研究和结合中国实际，只想在中国卖方案，不负责落地，就无法适应中国国情。人们经常说洋咨询来中国“水土不服”，讲的就是这个道理。

3A公司与其相比，之所以效果敢说比他们好，其实只要对比双方顾问师的阅历就知道了。刘承元团队顾问师都是在世界500强企业历练了多年的佼佼者，有实战经验上的优势，而世界著名管理咨询公司的顾问师通常是从名校毕业的高材生，只有学业上的优势。当然，他们也有刘承元团队无法比拟的优势，历史久、规模大和品牌知名度高，国内有些企业请咨询公司不求效果，但求名声，这是客户价值取向决定的。花巨额费用，表面荣光，到底值不值，只有客户自己心知肚明。

什么是影响精益管理成败的关键因素

导入精益管理，企业通常可获得四个方面的效果：一是现场管理、工作系统及作业标准的持续优化；二是员工与团队心智、意识和能力的不断提升，不断成长；三是持续改善文化的逐步形成；四是有显著的有形的财务效果。这四方面的效果互为支撑，互为因果关系。

精益管理导入失败的原因有很多，但除生意上出了问题外，其问题主要是出在公司领导身上，主要表现在以下五个方面：

公司领导缺乏定力。领导太“好学”，或者喜欢听“大师”讲课，或者喜欢追求管理时尚，总是期望找到一招制胜的“葵花宝典”，试了东家招数不成，再试西家招数，搞得管理者和员工无所适从，其结果常常以失败告终。失败的次数多了，失败成自然，就成了习惯性失败。

公司领导不支持。具体是说公司领导对精益管理态度暧昧，不清晰表达支持，不能提供必要资源。在这种情况下，那些消极的员工继续消极，那些积极的员工会怀疑自己，而多数员工会在观望和摇摆中浪费机会与时光。

公司领导不参与。具体说就是领导认为出了钱就可以解决所有问题，不参加精益会议，不观摩现场变化，不激励员工士气，等等，其结果是，员工们无法感受到领导的支持，参与行动上变得得过且过。

公司领导不够智慧。具体是说领导看不到员工行为上细微的变化，看不起管理上细小的改善，甚至以轻蔑的态度或口吻贬损员工的小微改善，其结果是，员工慢慢地失去参与热情。

公司领导缺乏耐心。具体是说领导在态度上和认知上急功近利，焦虑不堪，巴不得三天一层楼，以至于看什么都不顺眼，抱怨声不断。焦虑情绪是一种典型的负能量，领导的焦虑情绪更是公司里的超级负能量，会严重影响精益管理的导入进度。

除了领导的责任之外，也许还可以找出各种各样导致精益管理导入失败的原因，但是可以肯定地说，所有这些原因都是从属的、次要的，并不关乎精益管理导入的成败。

怎样避免管理中的“习惯性失败”

在企业管理过程中，许多制度难以实施，成为摆设，尝试变革往往以失败而告终，或收效甚微。越是这样，企业管理者越是急躁，且搬来一个又一个的新理念或新制度，希望能有所改变，但员工早已习以为常了，知道公司做什么都是一阵风，风过了也就罢了。刘承元把这种情况称为管理中的“习惯性失败”。对企业来说，“习惯性失败”是一个非常致命的东西，后患无穷。

例如，某企业为了解决员工着装不整齐（穿工装）问题，出台了一个“告知式”管理制度，希望大家严格执行，但数个月后却不了了之，少有人关注，这是第一次失败。后来，公司高层再次提出这个问题，人力资源部又出台了一个更加严厉的管理制度，辅之以一定额度的罚款，开始时执行不错，但是时间长了，最后还是不了了之，这是第二次失败。还可以设想第三次、第四次失败……

经历了多次失败之后，公司高层十分无奈，只能摇头或抱怨：员工素质太差，工装都穿不整齐；管理者能力不足，连这等小事都管不好。

刘承元的一个客户，公司董事长早就对内部存在的惰性深恶痛绝，过去几年数次请来外部专家试图改变，可是每一次尝试都以失败告终。后来，这家公司的董事长找到刘承元。刘承元告诉他这叫“习惯性失败”。

所谓“习惯性失败”，是指管理中同样或类似的管理重复失败多次，以至于成为“习惯”。“习惯性失败”可大可小，大到国家管理层面的失败，小到企业运营层面的失败，更小到个人事业方面的失败。

“习惯性失败”最后可能形成一种懒散的和不负责任的企业文化（文化糟粕），这种文化可向所有的管理者或员工传递一条信息，那就是“存在的就是合理的，尝试改变大多是徒劳的”。

“习惯性失败”的后果是，让员工对管理失去信赖，对制度失去敬畏，对工作失去热情。因此，“习惯性失败”要引起人们足够重视。经营管理者要经常自问，自己的团队是否已经进入这个怪圈而难以自拔？

要想从“习惯性失败”中走出来，一方面要认识失败的类别及失败的原因；另一方面是研究走出“习惯性失败”的方法。

在管理实践中，可能遇到的失败情形多种多样。有必要具体问题具体分析，并且从中找到失败的类别与其规律性，以便根据不同类别或其原因采取不同对策。

根据刘承元的经验，可以把众多的“习惯性失败”归纳为四大类。具体内容如下：

第一类，“禁止或不许员工做什么”的制度，却做不到令行禁止。公司里的禁止条款得不到有效落实就属于这个范畴。比如，工作场所禁止进食，但常会有员工偷偷进食，时间长了就不了了之。

第二类，期望员工按标准做事，并且做到不出差错，但是现实是，员工或者很难按标准做事，或者即使按标准做也会出错。例如，作业标准对螺丝数量有具体要求，但稍不小心就可能少打了一颗螺丝；管理者再三强调安全的重要性，还是有员工不小心把自己手指割伤了；等等。这类错误，刘承元通常称之为“无意识差错”，就是指那些非主观意愿所犯下的错误，是制度要求或培训等一般管理手段都没有办法解决的问题。

第三类，希望员工养成良好习惯，但是很难做到。比如，工厂内要求将垃圾分类投放，但有些员工就是随便扔。其原因是，管理者缺乏耐心和坚持，或者没有找到便于坚持并最终让员工养成良好习惯的好办法。

第四类，公司尝试改善创新，但是每次都以失败告终。比如，要求员工主动改进自己的工作，虽然出台了奖励措施，但员工总是无动于衷。管理者设计了许多激励措施，一心想调动员工积极性，但员工就是不领情或提不起精神。主要原因是，企业内没有推动改善革新的良好机制，缺乏适于改善和变革的文化氛围。

有心的读者，你也许还可以举出更多的例子来。针对以上四类常见的“习惯性失败”，刘承元建议的解决办法如下：

杜绝不良行为，需要管罚并举。就是说，要减少甚至杜绝不良行为，需要管理者长期关注和监督，发现违规行为要及时给予相应的行政处罚（重大违规，如贪污给予一级处分，除名；严重违规，如不听从上司安排给予二级处分，记大过；一般违规，如迟到早退给予三级处分，记小过），决不手软。特别需要说明的是，人们经常采用的“罚款制度”其实不是一种好方法，建议不用或少用。

防止差错，需要预防、纠错。对无意识差错进行处罚的做法是错误的，必须得到纠正。应该动脑筋想办法，研究并实施“防呆措施”或“纠错办法”。如果一时想不出预防或纠错的办法，可以考虑对标准或要求本身做出改进，比如，用图像替代文字表述等，便于员工理解和掌握。

养成良好习惯，需要持续坚持。可以通过教育、宣导、示范及长期的坚持来让员工养成良好的习惯。当然，要让员工养成良好的习惯，创造良好的环境和研究有效的办法是十分必要的。

尝试改善创新，需要营造氛围。改善创新说到底就是员工挑战惰性，团队挑战文化的过程。由于这种挑战具有不确定性和风险，要克服员工的惰性或恐惧，就必须创造性地引导员工参与制订改善革新的机制，用机制进行约束，营造浓厚的改善氛围，这样才能逐渐减少或杜绝惰性。

企业管理怎样才能实现持续改善

企业要实现持续改善，必须具备的一个先决条件，那就是精益改善机制已经成功导入。否则，这个问题就不存在。也就是说，企业已经成功导入精益改善活动机制，企业上下已经很好地接受了精益理念，学会了各种改善工具和方法，接下来就需要研究如何持续改善的问题了。

刘承元建议：其一，公司领导要扮演好投资人和啦啦队队长的角色，一方面，要渐进式地对精益管理提出新目标，并根据需要提供必要的资源支持。另一方面，要当好啦啦队队长，积极参与各项重要节点的活动，欣赏和激励员工改善。其二，中层管理者要扮演好导演和教练的角色，积极推进精益改善活动，并为员工准备好形式多样的供员工表演和展示的舞台，必要时辅导，甚至手把手帮助员工做好改善。其三，促进广大员工扮演好演员的角色，关注自己身边的问题，动脑筋想办法解决问题，积极参与，尽情展现或表演。

大量的事实证明，对于还没有导入精益改善机制的企业，所谓持续改善是不存在的。这就能够理解了，为什么在许多企业里，尽管各种管理体系都要求持续改善，培训老师和老板也要求持续改善，但改善始终没有发生，更谈不上持续改善了。

四阶段跨越，打造生生不息的改善文化

企业文化可分三个层次，即核心文化、主体文化、表层文化。所谓核心文化，是指企业经营理念、方针和价值观等精神层面的东西；主体文化是指员工行为、习惯、知识和智慧等；表层文化是指那些外在看得见的文化符号，包括标识、标志等。可见，企业文化可以通过文字或符号进行表达，更重要的是员工良好的行为习惯以及由此带来的知识和智慧。所以，企业文化建设的关键是，提升员工素养，规范员工行为，培育员工良好的习惯。

企业改善文化的形成，通常需要跨越四大阶段的路程：

第一阶段，促成改变。怎样实现改变呢？多数人、多数企业错以为可以靠培训改变员工，但现实告诉他们，培训做不到这一点。正确的认识是，人是有惰性的，而且对改变现状缺乏兴趣，没有信心。所以要真正改变一个人或者一个团队，就必须有强大的外力推动，培训没有这种力量。成功的做法是，在专家、顾问或公司领导的强力推动下，让员工自己动手，从改变身边的环境，解决整理、整顿和布局调整等简单的问

题入手，通过一段时间的实践，员工发现自己原来有能力改变现状，从此树立了信心。在这个时候，如果领导能够给予及时欣赏和鼓励，员工就会对改变产生兴趣，进而对改变不再消极与抵触。

第二阶段，引发挑战。员工有了信心和兴趣后，刘承元团队再教他们更多的科学管理和精益改善的方法，并尝试去解决更大、更多的问题，促使员工实现对自身的超越。在这个过程中，员工会明显感觉到自己思想和能力得到了提升（成长），从成长中体会到成就感。

第三阶段，把改变和改善行动固化下来，成为管理活动中的常态（规定动作），变成员工日常工作的重要组成部分，并持之以恒。

第四阶段，改变和改善成了员工的工作习惯，建设精益改善文化也就水到渠成了。在精益管理理念里，有一个重要观点，就是“人造环境，环境育人”。第一阶段的促成改变，其实是“人造环境”的过程，而第二、三、四阶段就是“环境育人”的过程。

当然，这是一个长期坚持的过程，要有足够的耐心与毅力，千万不能期望一蹴而就。

能落地的咨询顾问应具备哪些条件

刘承元认为，最重要的是要做到如下三点：要拥有一支具有成功职业经历与良好职业素养的专家队伍；要拥有自己的一套被市场长期验证的务实咨询的服务模式，能确保对客户的服务效果；市场需求牵引和团队能力（质和量）提升基本上是同步的。

有订单，没优秀团队落实落地，客户终究会离去；有团队，没订单支撑，团队终究会散掉。许多顾问公司老板之所以痛苦不堪，就是没有办法解决这对矛盾。15年来，3A公司业绩获得持续增长，同时，刘承元团队也实现了同步成长。

一家优秀的顾问公司，其领导和成员要有胸怀、有使命感，要有为社会为事业做贡献的崇高境界，不能光想着赚钱，这一点极为重要。在社会上，有许许多多的人，始终聚焦于研究自己赚钱的所谓商业模式，而很少研究客户价值最大化的方法。那么这些人即便可以通过某种“模式”赚到钱，但如果没有客户价值支撑，企业经营也是不会长久的。相反，3A公司很少研究自己赚钱的模式，反而始终聚焦于如何让客户得到实惠。这样做，尽管自己赚钱有点慢，但企业可以基业常青。刘承元团队之所以能获得客户认同，实现高续约率目标，就是因为他们真心为客户做事，做好事做实事。

具体到对顾问师的要求，那就包括了更多的内容，归纳起来就是德智体全面发展。“德”是指做人的道德修养和基本操守，一定要有诚信、共赢、务实、创新的价值信念，要懂得爱与自爱、创造与分享，一切以客户价值最大化为宗旨，等等。“智”是指履行职业任务的经验、技术和知识储备。3A公司原则上要求顾问师在世界500强企业经过5年以上的历练，又要学习掌握3A公司特有的顾问技术，还要具有较为深厚的知识储备和良好的学习能力，悟性要好。“体”就是身心健康。要保障咨询方案落地，坐在办公室是绝对办不到的，需要身体力行，深入研发、销售、生产和管理一线，在现场研究问题和解决问题，健康的体魄是十分重要的，这样才能保证繁重咨询任务的完成。同样，顾问师是通过个体影响力而不是权力来推动客户参与的，强大的内心与积极向上的态度十分重要。

值得欣慰的是，3A公司的顾问师很认同公司的文化与愿景，在客户企业中兢兢业业、激情满怀，总能以“三现主义”精神和客户员工一起发现问题、分析问题和解决问题，从而实现客户价值最大化。

如何客观评价咨询方案的好坏

如果只是评价一份咨询方案的好坏当然很难，角度不同，眼界不同，标准不同，评价结果是不一样的，正所谓公说公有理，婆说婆有理。但是，如果愿意把评价的眼光放远，并把评估管理咨询方案的尺子直接延伸到方案带来的实际效果的时候，评价就会变得简单。

当然，愿不愿意拿咨询方案所带来的效果来评价自己工作的有效性，是顾问公司自身的选择。绝大多数咨询公司，特别是一些所谓的大牌咨询公司就不愿意这么做。某些大牌咨询公司在一些追求高大上的企业做咨询，企业付了高额的咨询费，可是效果不好。效果不好的责任到底归谁，甲乙双方开始了自己的解说，甲方抱怨乙方没有做好，乙方抱怨甲方执行力太差，是客户责任造成的。

真正有诚意有水平的咨询顾问公司，应该接受以最终咨询效果来验证咨询方案的有效性，而不是抱怨客户执行力问题。理由很简单，在签约之前，就应该对甲方团队的能力进行评估，不合适的可以不接这个订单。

刘承元认为，作为咨询顾问公司，应该一开始就选择通过客户价值来评估自己的工作。如果确实发现客户团队落地能力不好，顾问师就应该研究可行的办法，提升它，而不是抱怨它。刘承元经常告诫他团队的顾问师们："如果客户落地能力、执行能力都很好的话，那还找我们做什么？"

所以评估咨询方案好坏，先要理性看待客户收获的价值，比如，效益提升、现场变化、员工变化、体制和机制变化、氛围和文化变化等。比这些价值更客观的评价办法是，看客户是否续约，所以客户续约率是最有说服力的评价标准。

为什么说“效率提升无极限”

改革开放后，中国经济超常规发展，世界制造业向中国转移，许多企业发展太快，订单太多，忙不过来，没有时间认真做管理，造成了企业管理十分粗放。其管理粗放主要体现在以下两个方面：一方面是资源效率不高，到目前为止，中国人均产出以及其他单位资源产出依然很低，甚至不及美国、日本的五分之一；另一方面是品牌影响力不足，中国制造的产品议价能力有限，造成中国企业盈利能力偏低。做精益，就是要在全面提升单位资源产出率水平的同时，促进中国制造向附加价值更高的领域升级，提升品牌影响力。

刘承元指出，中国制造的发展，不能总是靠高投入来实现目标。未来10年、20年，甚至更长一段时间，需要通过精益管理，以目前同样或者较低的资源投入水平，换取每年7%左右的GDP增长。如此，中国制造和中国经济的竞争力水平才会大幅提升。

这里需要纠正一个错误观点，很多人以为效率的极限是100%，其实不然。如果说产品质量合格率的极限是100%，为了把产品质量提高到99.9%、99.99%，甚至更高，需要付出极大的努力，那么在精益管理中，同样付出改善努力，不断升级管理，持续创新技术，效率就可以做到100%、200%、300%，甚至更高。总之，效率提升无极限。

有一个较大的集团公司董事长，他对刘承元说："我们集团生产效率提升的空间不大了。"理由是，其制造事业部总经理告诉他说："我们生产线效率已达96%，还有4%的增长空间。"当董事长都认为生产效率只有4%提升空间的时候，团队哪里还有改善提升的强烈愿望。

刘承元郑重地对这位董事长说："生产效率不是以100%为极限，通过技术进步，效率提升是无极限的。"后来，刘承元团队帮助这家企业导入精益管理，两年时间效率提升近一倍，用事实改变了这家公司上下对生产效率固有的错误认知与看法。

精益管理有没有一种通用的模式

精益管理没有一个通用模式，它的精髓是“持续改善，全员参与”。为了实现这个目标，企业需要经历一个循序渐进、持续推进的过程，需要上下长期的坚守。所以任何期望找到一招制胜的法宝，想急功近利、走捷径的做法都是徒劳的。人们去丰田公司参观，总是拿相机随处拍照，其实拍下的是外在的形式，而内在的东西是永远拍不到的。丰田公司之所以优秀，是其经过90多年发展持续推进精益管理的结果，他们每天都在改善、创新，才形成今天如此卓越的精益改善文化，这种生生不息的文化是企业获得竞争优势的软实力，值得研究和借鉴。

要想获得这种软实力，建设优秀的精益改善文化，只有华山一条路，需要企业上下虚心学习，积极行动，且要持续地行动，没有捷径可走。

精益管理是一个过程，只有把精益当成信仰，让企业全体员工信仰精益，并且脚踏实地去行动，才能成为优秀的精益企业。

精益管理与精益技术，不是一回事

精益管理是一个过程，而不是结果；精益管理是一种行动，这种行动必须是持续不断的；精益管理还是一种理念，甚至是一种信仰。

而精益技术包括精益工具和方法，精益技术可以用来为精益管理服务。可是不少顾问（公司）以为精益技术就是精益管理，这是一种错误的认知。也有些企业高层不问青红皂白，提出来要请顾问公司做看板管理，要做细胞生产，要做5S、TPM、6Sigma等。每当这个时候，刘承元都会问，做看板管理，做细胞生产的目的是什么？对方会回答，提高效率，改善交付。刘承元说："为了提高效率，改善交付，看板管理、细胞生产可能是不适合贵公司的工具和方法。所以企业要求顾问公司导入某种特有的管理工具和方法，顾问公司则予以迎合，都是不应该的。"

正确的做法是，企业应清晰做精益管理的目的，而顾问则要基于对客户情况的分析研究以及不同阶段有不同需要，具体决定应导入哪些工具和方法。精益顾问就像医生，需要有一个精益工具箱，里面装着一整套各种各样有效的工具和方法，不应排斥任何好用的工具，也不能期望用某一个特定工具走遍天下，要针对具体问题特点选择最恰当的工具。

如何将三流企业提升为二流或一流企业

中国企业管理升级很慢的根源在于，对育人缺少正确的思考，更缺少有效的育人机制。人们错误地认为，育人可通过培训来实现。因此，名目繁多的培训在中国大行其道，许多企业不惜花重金做培训，可是企业员工并没有成长或很少成长。刘承元原创“精益造物育人”机制理论，揭示了造物系统和育人机制之间的结构性关系，也就是说，造物系统的提升有赖于育人机制的运营。这在国内乃至国际上是首创，具有很强的实用价值与现实意义。

怎样让三流企业提升为二流乃至一流企业呢？不少企业老板抱怨，总是招不到一流人才，怎么办？为了启发这些老板思考，刘承元会问他们：“你们企业是几流的？”他们说：“是三流的。”刘承元说：“三流企业通常只能招来三流的人才。即便从外部招来了一流、二流的人才，空降企业之后，往往也会在改变企业之前或者被赶走，或者被就地同化。”也就是说，你公司的土壤与生态（待遇、环境和氛围等）可能只适合三流人才生存，这和自然界植物的生长是同一个道理。

最好的办法是，持续运营“精益造物育人”机制理论，把公司员工或团队从三流培养成二流乃至一流，你的企业就一定是二流或者一流了，只要持续坚持，持续运营，就能水到渠成了。这个简单的道理，企业老板一定要懂得。

结论是，通过育人，才能真正提高企业管理水平，企业生存和发展归根结底要以员工的持续成长为依托。

如何唤起员工“改善创新之心”

对比不同企业的精益改善后，刘承元发现不同的企业员工参与程度不同，所收获的改善成果也不同。员工的参与程度是员工改善变革之心的外在表现。因此，如何培养员工改善变革之心就显得更为重要了，它也是精益改善能否获得成功的关键。

改变一个人的行为很难，改变一个团队的行为更是难上加难。关于促进变革和改善的思考有很多，以下对三种培养改善变革之心的思维进行对比分析，读者从中可找出最高效的培养员工改善变革之心的方法。

培训学习先行的思维。最具代表性的思维是这样的：管理培训→学习吸收→改善变革，然后收获成果。近二三十年来，国内绝大多数企业基本上走的是这条路。企业花钱把专家请来培训，或者付费把员工送出去学习，做了大量的功课，为的是让管理者和员工能够学以致用，通过积极行动收获改善革新成果。但事实证明，通过管理培训和学习吸收，让管理者和员工拥有改善变革之心的情况少之又少，转化率很低。即便有少数员工因为管理培训获得了改善变革之心，甚至尝试采取改善革新行动，也会因为势单力薄、孤掌难鸣和遇到各种阻碍而慢慢消沉下来。可见，这种做法投入大、成本高，收效甚微。

目睹问题先行的思维。还有一种思维是，目睹问题→感受压力→改善变革，然后收获改善革新成果。显然，这种思维要比前一种思维更接地气，更有可能取得成果。通过把问题展示出来，让管理者和员工目睹问题，通常会唤起他们想改变现状或挑战目标的情绪。只要引导得当，培养他们改善革新之心，促使他们采取改善革新行动是有可能的。事实也是如此，刘承元看到有些企业把各种管理问题张贴在管理看板上，并要求相关责任人限期解决问题。只要高层领导力过硬，往往这些问题会得到较快、较好的解决，收获一些改善革新成果。还有些企业领导人善于采用走动式管理，在各管理现场指出存在的问题，并且要求相关部门责任人记录并跟进问题的解决，也能收到相应的改善革新效果。当然，这种一事一议做法的结果是，缺乏系统推进，改善革新效率较低，与企业领导的全情付出相比，显然“转化率”或“性价比”不高。当然，也有企业采取了更聪明的做法，聘请一批IE人才，要求他们每天到现场发现问题，直接参与解决问题或督促相关责任人解决问题。正所谓，让专业的人做专业的事。这样既可以省去公司领导的亲力亲为，还能放大解决问题的规模，理应收获更多的改善革新成果。但新的问题又来了，这种工作模式通常会带来员工的反感，甚至抵触，因为员工每天被别人指指点点确实会有被冒犯的感觉，是十分不体面和损伤自尊心的事情。刘承元就接触过这样一个案例。某企业领导认为现场改善革新速度不够快，为了加快步伐，从外部请了一位经验非常丰富的IE专家，授权他在全公司范围内找问题，并督促员工改善。因为他技术精湛，总能敏锐地看到各种问题，又因为他十分敬业，对员工的督促毫不留情，一时间革新改善进度确实很快。但是好景不长，有一天员工聚众罢工。问其缘由，答案是这位IE专家很厉害，干脆让他一个人把所有事情都做了。为了平息事态，老板不得已忍痛割爱，把这位十分敬业的IE专家辞掉了。类似的情况还可能在一些企业中重复发生。

行动体验先行的思维。经过长期的顾问实践，刘承元提出了一种全新的改善革新之心培养模式，即行动体验→收获自信→改善变革，然后收获改善革新成果。经过多年实践检验，发现这种模式在培养改善革新之心，促进员工参与方面十分有效，而且快乐、和谐和可持续。

与培训学习先行思维和目睹问题先行思维相比，这是一种转化率最高的改善变革之心培养模式。而刘承元团队倡导的模式却是从动员员工体验发现问题和动手解决问题开始，出发点不同，收获的成果也大不相同。大致的做法有四个步骤：

第一步，选取某一类（而不是某一个）与员工当前的意识和能力相匹配的问题，制作识别、记录和解决此类问题的实用教材。在改善革新之初，通常选取诸如整理、整顿或布局调整等简单问题比较合适。第二步，针对所选类别的问题，对员工进行细致的解说和讲解，并确认相关员工真正理解如何识别和解决此类问题。第三步，具体辅导这些员工识别、记录和解决所选类别的问题，并手把手指导他们用指定格式对改善革新成果进行总结。第四步，让员工代表就一些有典型意义的事例进行讲解，接受公司领导和同仁的检阅和喝彩。

这样做的好处是显而易见的。刘承元团队始终把员工看成是现场的主人，是识别问题和解决问题的主体，变被动解决问题为主动解决问题。让员工亲身体验识别问题和解决问题的过程，不仅有利于员工意识和能力的提升，更重要的是可以帮助员工尽快树立改善与变革的信心和兴趣。如此循环往复，可以不断地升级问题的广度和难度，持续提升员工识别问题、解决问题的意识和能力，并逐步培养出优秀的改善革新文化。

有这样一个事例相当有代表性。刘承元团队辅导深圳一家世界500强企业的工厂做精益改善，为了提升某生产线的生产效率，刘承元团队按照以下步骤展开工作：第一步，结合这条生产线的特点和浪费问题，制作了一份简单易懂的关于动作分析和效率提升的学习资料。第二步，对生产线共80多名作业员工进行了一次集中培训，用录像和图解等方式细致讲解工序分解、动作分析以及消除浪费的事例和方法。与此同时，刘承元团队还对效率提升工作进行了动员，建议大家来一次识别浪费和消除浪费的竞赛，看谁做得既好又快。第三步，给每位员工发了一份工序动作分解分析表，动员每位员工如实记录自己工序的每一个动作以及动作时间。第四步，所有员工在约定时间内积极提出并具体实施减少，甚至消除浪费的改善措施。

用了不到四个月的时间，这条生产线效率竟然提升了近40%，受到了公司高层的高度赞扬。从此之后，这条生产线的员工信心和兴趣倍增，改善革新之心被完全点燃，成了全公司改善革新活动的标杆。

根据以上分析，刘承元团队得出结论，采用行动体验先行的思维方式，让管理者和员工亲身体验解决问题的过程，要比培训学习和目睹问题更能激发员工改变的愿望，更能培育员工改善变革之心。

10

掀起风暴：积极推动中国管理进步

为了让中国制造尽快做大做强，并最大限度地传播精益管理思想，推动中国精益管理革命，推广“精益造物育人”机制管理实践，有强烈责任心和使命感的刘承元，在中国掀起了一场又一场精益思想革命风暴。

全球性产业转移，给中国带来巨大机遇

迄今为止，全球共发生过五次产业大转移，每一次都强烈冲击与改变着世界经济格局。

第一次产业大转移。18世纪60年代，英国通过珍妮纺织机，开始了轰轰烈烈的工业革命。工业革命让英国逐渐成为“世界工厂”。英国是个岛国，面积不大，资源有限，因工业发展较快，需要从全球掠夺廉价资源，也需要开辟更广阔的市场。19世纪40年代，英国开始向外转移产业，英国是输出国，美国是输入国。这是第一次产业转移。这次产业转移成就了美国，使美国后来者居上，超越了昔日的“日不落帝国”。

第二次产业大转移。20世纪50年代，冷战如火如荼，美国为了培育自己的盟友，遏制共产主义阵营，开始向日本和联邦德国实施产业大转移。而朝鲜战争的爆发，形成了“特需战时经济”，不仅加快了美国对日本产业转移的步伐，也优化了所转移产业的结构，成就了日本和联邦德国的发展，让这两个国家迅速崛起，并成为新的“世界工厂”。

第三次产业大转移。日本经济发展到一定程度的时候，遇到了与当年英国同样的困惑：资源不足而且市场狭小。这引发了新一轮产业大转移。20世纪60年代，日本开始将劳动密集型产业向中国香港、中国台湾、新加坡和韩国转移，随着产业转移的升级，又逐步扩展到了汽车、电子等资本密集型和技术密集型产业，这使得“亚洲四小龙”成为新的“世界工厂”。

第四次产业大转移。“亚洲四小龙”都面临着资源不足、市场狭小等问题，随着它们的迅速崛起，迫切需要廉价资源与广阔的市场。此时是20世纪80年代初，恰逢中国内地（大陆）改革开放，正好提供了这种机遇。这使得美国、日本、“亚洲四小龙”等都向中国内地（大陆）转移产业尤其劳动密集型产业，由此让中国内地（大陆）成为新的“世界工厂”。

中国内地（大陆）成为这次产业转移的最大受益者，而日本则从20世纪90年代开始步入所谓“失去的20年”。其中一个重要原因，日本是第二次和第三次产业大转移的重要输出国，而“亚洲四小龙”、中国内地（大陆）等在技术等各方面追赶上来，挤压了日本产业的发展空间，使日本的优势地位受到强烈冲击。

从20世纪90年代开始，到全球金融危机之前，大规模产业转移加速进行，而且，这个转移还不断呈现出从劳动密集型产业向技术含量较高产业升级的趋势。有大量电器、电子等产业，以产业集群的形式进入中国，助力中国工业体系逐步走向完整，让各行各业的供应链配套能力逐步走向完善。

正是在这个形势下，深圳作为中国改革开放的“窗口”城市，从改革开放之日起，在制造业发展方面一直领风气之先。在最初的10年时间里，以“三来一补”“两头在外”的加工贸易为主要形式。同时，深圳的优惠政策也吸引了大量港台企业投资办厂。从1990年前后开始，深圳进行了一次产业转型，以大型合资企业逐步取代加工贸易，从劳动密集型产业逐步向技术较高的电器、电子等产业过度。20世纪90年代，是深圳发展的一个重要机遇期，理光正是看中了深圳的区位优势、人才优势与政策优势，才决定大规模投资深圳。同期投资深圳的还有三星、爱普生、日立、奥林巴斯、艾默生等大型跨国企业，而且都是大手笔，这一举动不仅带来了就业机会，更重要的是带来了产业链配套企业。这对深圳乃至全中国的工业体系建设和发展都起到了积极的作用。

对中国来说，2010年是一个标志性的年份，这一年中国制造的总规模超过美国制造，中国成了全球第一制造大国。同年，中国经济总规模GDP超过日本，成为全球第二。近些年来，由于国内劳动力成本急剧上升，加上国内出台旨在升级产业结构的各项政策，全球又开始了第五次产业转移。根据产业转移的规律，这次产业转移的持续时间至少也在20年到30年，甚至更长久，这将对中国的未来经济发展产生极其深远的影响。

诚然，中国可以参考日本在两次产业大转移后所面临窘境的经验教训，通过学习和实践精益，在快速提升劳动生产率水平的同时，设法延缓，甚至阻断制造业外迁的进程。在这个过程中，中国制造的管理升级迫在眉睫。

中国制造崛起与中华民族复兴

2014年底，在中国企业管理高峰会上，刘承元做了以“工业4.0和中国制造大战略”为主题的演讲。那时《中国制造 2025》还未出台，所以那算是刘承元对中国制造未来发展的一次成功预判。刘承元特别指出，在《中国制造 2025》出台之前，中国制造大战略就已经在多个领域实施，且初见成效。主要呈现在如下一些领域：

大高铁。在引进、消化和吸收全球先进技术的基础上，通过自主创新形成了中国独特的高铁技术和系统。中国高铁的确是异军突起，总里程已经居世界第一，占比最高，运行速度最快（350千米/时），性价比最好（安全可靠、造价低），成了中国制造的亮丽名片，令国人自豪。

大航天。经过几代航天人的打拼和奋斗，中国已经成为除美国、俄罗斯之外第三个航天大国和强国。自1999年开始的中国载人航天工程，正在实现着中华民族数千年的飞天梦想。以大航天为代表的军工产业（导弹和运载火箭等）将越来越受到世界关注，也已成为中国制造的重要分支，值得期待。

大能源。核电、太阳能、风电技术等产业的发展方兴未艾。特别是中国的核电技术经过40多年发展，已建成多种类型的核反应堆，且有十多年的安全管理运行经验。未来中国不仅会在国内大建核电，还会向外输出技术和建设电站。此外，太阳能产业就其规模来说早已居世界第一，只要在某些关键技术上获得突破，中国将拥有巨大优势。

大钢铁。中国的钢铁业已经拥有超大的经营规模，不仅在生产技术上，而且在管理上都已经达到了世界级先进水平。作为专业顾问，刘承元团队一直见证钢铁业的规模发展，以及技术和管理的进步。最近，针对中国钢铁的大举出口，欧美等国纷纷祭出反倾销措施，这足以说明，中国钢铁在世界上已经拥有不可忽视的地位。

大汽车。国家在政策上给予了多方扶持，但始终未能像中国高铁那样获得大突破。但未来也不是没有希望，长安汽车（河北）就在SUV市场上获得突破，销售数量力压对手，获得国内第一就是证明。笔者相信，吉利、比亚迪等国产品牌在经历了长期跟随之后，在未来5至10年时间里，应该有机会实现局部超越，获得应有的市场地位。

大飞机。C919是中国继“运-10”后自主设计和研制的第二类国产大型客机。该机型的首字母C是China的意思，同时还寓意要与空客（Airbus）、波音（Boeing）并肩，在宽体大型客机制造业中形成ABC共生的格局，在未来10多年的时间里值得期待。

大装备。经过过去多年的引进、消化、吸收和创新的积累，中国在许多成套设备制造领域也开始获得突破，从纯粹依靠进口，到替代进口，又发展到了成套装备出口。

新技术。高新技术产业发展也开始获得突破，一大批创新型企业，例如，华为、中兴、联想等都在世界上获得了越来越多的尊重。

还有文化、材料、生物等领域都将成为大产业，并逐步获得竞争优势。

除此之外，还有供应链成熟与布局完整的传统制造业，尽管正在经历痛苦的转型与升级，但未来将变得更加强大。如此波澜壮阔的中国大制造，再加上未来大证券（可能会是全球最大的证券市场）、大互联网（已经是全球最大的互联网）与之呼应，中国制造的未来竞争力足以令任何一个对手胆寒。在不久的将来，人们将可以看到更多的“中国智造”，打造出更多的有世界影响力的中国品牌，在世界500强的榜单中读到更多中国企业的名字。

制造业强，中国就强，中国制造必将强有力地推动与加快中华民族的伟大复兴。

为什么坚信中国制造有美好的未来

刘承元之所以能看到中国制造的美好未来，并不是因为他对中国制造目前面临的诸多困难视而不见，而是看到了滚滚向前的多股力量。在这些力量的强劲推动下，中国制造一定能克服各种艰难险阻，由制造大国走向制造强国。其推动力主要体现在四个方面：

中国是全球最大单一消费市场，有做强中国制造的机会。2018年前，美国是全球最大单一消费市场，2019年第一季度中国已取代美国，成为全球最大单一消费市场。成为全球最大单一消费市场的意义在于，可以为全球制造商提供最多的订单，而且订单量（零售总额）以每年8%，甚至更高的比例在增长。即便受到来自美国的各种限制和打压，中国制造依然可以从国内市场以及“一带一路”沿线国家获得足够多的订单，让中国制造获得转型升级的机会。

精英阶层发愤图强，使得做强中国制造有了强大动力。改革开放40多年来，包括中国制造在内的产业发展已经成就了一大批富人，走过了欧美等国近百年所走过的路程。中国富人数量和其资产净值的增长速度等都令人称奇，他们成了社会精英阶层的重要组成部分。

值得庆幸的是，中国的精英阶层并没有因为拥有大量的财富而放弃追求，而是在财富增值和企业规模扩张等方面继续发愤图强。在国家战略的指引下，精英阶层将继续以中国制造为主战场，面向更广阔的市场需求，围绕中国制造精益化、自动化、智能化和互联网连接等领域创造更大价值。

在管理上的精耕细作，使得做强中国制造成为可能。许多人吐槽中国制造的诸多不足，刘承元却始终认为，有这样那样的不足是好事，更是机会。从与德美日制造的对比中，人们发现，中国工人的生产效率（单位时间内完成工作的量）几乎是全世界最高的，但他们单位时间内创造的价值却是德美日制造的三分之一不到。从这个意义上讲，中国制造的问题不是出在工人身上，而是出在管理者和技术人员身上，也就是说，中国制造可以通过持续改进，不断升级研发价值、制造价值和品牌（营销）价值。中国制造的经营管理者们，已经高度认同精益管理之于制造业提升的重要作用，越来越多的企业已经投身到精益管理革命中来，中国制造的转型升级将大大提速。

互联网技术的大发展，为中国制造的全面升级提供了更广阔的空间。在互联网技术、智能化技术的发展及各种创意的催化作用下，过去界限清晰的产业区分正在逐渐模糊，甚至消失，产业融合逐渐成为主流，如文化创意产业与传统制造业的融合，新兴产业与传统产业的融合，可以有效促进传统制造业的转型和升级。另外，互联网还以空前的广度、深度和速度改变着全球社会及经济发展模式，世界范围内旧的制造业竞争秩序正在被打破，新的竞争方式正在重构之中，这有利于在世界范围内形成新产业、新业态，助力中国制造走向世界，走向未来。

除以上四个方面的推动力之外，国家层面的强力动员，也就是所谓的举国体制，也能够培育出一大批超大规模的500强企业，以便在参与全球竞争中发挥定海神珍的作用。上述多股力量正推动着中国制造实现跨越式发展，中国制造由大做强将是必然，未来可期。

制造强，中国强，管理改变中国

为了改变多数国人对制造业不关注、不重视，把太多的资源倾注在地产、金融等赚大钱行业这一令人忧心的现状，为了让更多人重视制造业，不至于造成中国制造业空心化，也为了唤起国人对管理的真正重视，刘承元博士早在2006年就花费了数十万元，专门在凤凰卫视上做了近半年的公益广告。其公益广告词是“制造强，中国强，管理改变中国”，旨在让国人关心与重视制造业发展，唤醒人们的良知，通过技术与管理创新，精益管理，推动企业管理持续进步，更快把中国制造业做强做大，不断提高国人生活质量，意义重大而又深远。可见，这是一种多么强烈的爱国情怀与责任担当。他们的爱国之心，不是空洞的口号，而是真真切切的行动。如今，“制造强，中国强，管理改变中国”已经成为刘承元团队共同的职业信念。

制造业是发达工业体系的中枢，是国民经济的基础，是立国之本。制造业兴旺，是国家强大的象征，也是富民强国的关键所在。

一个国家的发展水平，不是看它生产什么，而是看它怎样生产，用什么工具生产。因此，制造业往往是一个国家实体经济是否强大的标志。历史已经证明，没有强大的制造业做后盾，所有的经济繁华可能瞬间都会变成泡沫。德、美、日三国之所以成为大国，也是源于其背后强大的制造业支撑。

当今的制造业不仅仅指简单的加工业，它需要融合科研、市场、技术和资本等多种要素，它最重要、最核心的是装备制造业、高新技术产业以及人工智能制造业。新中国从成立之日起就已经意识到制造业的重要性，不断发展工业特别是重工业，它是中国一直追求的目标。改革开放以来，中国装备制造业取得了举世瞩目的成就：高铁、飞机、液化天然气船等，每一项都不再是简单的加工，都是中国自主研发、自主创新的，掌握核心科技的产品，这也决定了中国在国际上拥有了一定的话语权和决定权。中美贸易战中，中国不会在威胁和讹诈面前低头，也不会动摇捍卫全球自由贸易和多边体制的决心，也是缘于当今的中国在制造业领域逐渐强大。

刘承元之所以提出“管理改变中国”，是基于这样四个方面的理由：

精益管理可以让制造业继续留在中国。过去20多年，中国很好地把握住了世界产业转移的机会，成就了“世界工厂”的地位。为此中国确实付出了巨大的牺牲和代价，有人以此贬损制造业的作用，是十分错误和短视的。原因是，在中国这样一个大国，制造业的作用是不可替代的。无论如何，中国都要设法中断或延缓制造业向越南、印度等成本更低的地方转移，而要让制造业继续留在中国。要做到这一点，除了创造条件和积极引导制造业向广阔的内陆地区转移之外，最重要的工作就是制造业管理者走精益管理的道路，用精益管理铸就不可逾越的竞争壁垒。到过日本参观的许多朋友告诉刘承元，他们的厂房装备等硬件已经超过了日本，缺的就是管理技术的积累。最近，人们又开始担心劳动力不足将制约中国制造业的发展。刘承元却认为，劳动力资源效率太低才是问题的根本，因此劳动力的相对不足正是中国制造业走向精益化、少人化的一个重要转折点。中国制造业管理者已经拥有了良好的精益管理意识和能力，只要在管理上不断追求，持续提升资源产出效率，就能够把制造业留在中国。

管理可以改变制造业大而不强的现状。残酷价格战的罪魁祸首是管理缺位的低水平竞争。许多人抱怨，残酷价格战是中国“丑陋”的国民性使然，刘承元不同意有些专家用国民性来对价格战进行肤浅的解读。以家电生产为例，过去的竞争格局可以说是“军阀混战”，参与竞争的企业在产品品质、效率和交货管理方面都处在低水平（同质化），只能靠低价格和关系营销争取客户。而格力、美的和TCL等企业却通过快速提高品质、效率和交货管理水平，打破了“温水煮青蛙式”的竞争格局，实现了订单和产能聚集，还警示了跃跃欲试的后来者。可见，快速提高管理水平，实现高水平竞争，于人、于己、于国家都是有积极意义的。

管理可以让更多国人享受经济发展成果。中国经济在过去30年的发展中，更多地依赖于硬件的投入和资金的拉动，实现了规模的粗放扩张。在这个过程中，获得收益和回报的往往是少数人，比如，企业经营者。而管理的价值实现过程，与投资的价值实现过程是全然不同的。期望通过管理实现企业价值提升，就必须动员全体员工参与，挖掘团队智慧。比如，通过发动员工对生产线进行改善，实现效率提升，在企业受益的同时，员工也会获得进步和收益，分享企业发展的成果。原因很简单，企业经营管理者在投资实践中只会看到少数精英的作用，而在管理实践中会发现更多员工的价值。

管理还可以全面提升国人的素养和能力水平。人们认为，提高国人的素养水平要靠教育，“十年树木，百年树人”，要慢慢来。这话没错，但人们决不能忽视企业在提高国民素养中的重要作用。刘承元团队在辅导企业的实践中发现，中国制造拥有世界上最勤劳和最具活力的产业工人大军，他们缺的是正确的引导和用心的塑造。通过改善，同样的检查工作只需不到四分之一的能耗。在这个过程中，员工不仅获得了赞誉和物质奖励，更重要的是员工开始变得自尊自强，其意识和能力也得到极大提高。可见，企业在员工意识和能力提升方面的作用是有效的和不可替代的。所以，刘承元坚信，精益造福社会，管理改变中国。

掀起“精益管理革命传播风暴”

为了让中国制造尽快做大做强，并最大限度地传播精益管理思想，推动中国精益管理革命，推广“精益造物育人”机制管理实践，有强烈责任心、使命感的刘承元，在中国掀起了一场又一场精益思想革命风暴。主要呈现在如下方面：10多年来持续出版大量精益管理类书籍、举办多期“中国企业管理高峰会”“精益管理公益行”“精益管理大讲堂”以及“中国精益管理学堂”等，都是传播精益思想革命风暴的“风暴眼”。

自2003年开始，刘承元推出了“中国企业管理高峰会”。为了广泛传播精益管理思想，促进精益践行者之间的互动交流，刘承元于2003年开始举办“中国制造业管理高峰会”，2010年起更名为“中国企业管理高峰会”，到目前为止，已举办了17届。峰会始终围绕“缔造利润·造物育人”这个核心主题，从理念、方法、工具和实践等多个维度出发，分享标杆经验，交流前沿思想，促进全国范围内的企业家学习交流。峰会始终坚持“制造强，中国强，管理改变中国”的崇高信念，不赶时髦，不请明星，内容丰富，贴近现实，启发与会者思考，焕发与会者激情，促进与会者行动，受到企业管理者衷心的欢迎。经过多年的积淀，峰会已经成为国内延续时间最长、影响范围最广的顶级管理盛会。每届峰会均有数百家企业的高管到会，加上各种渠道的传播，在全国范围内刮起了一阵阵精益思想风暴，影响着一代又一代企业经营管理者。毫不夸张地说，绝大多数制造企业管理者都不同程度地受到峰会的影响，并成为精益思想的信奉者和实践者。在传播精益思想、推动精益管理革命方面，效果卓著。

刘承元还推出了“精益管理公益行”。为了更广泛地传播精益管理思想，推动国内企业走精益管理之路，从2008年开始，3A公司和《企业管理》杂志社一起，共同举办“精益管理公益行”活动，主要由刘承元博士主讲，历时5年时间。在国内数十个大中城市，他们共举办学习活动160多期，每期数百人不等，有数万企业管理者参与，加上这些管理者回到企业后的转训，影响人数足有百万之多。这项活动，在传播精益思想理念方面，效果显著，意义重大，影响深远。

从2013年开始，刘承元推出了“精益大讲堂”，让更多的精益专家站上了讲台，至今已经举办200多期，延续了7年，直接受众数万人，加上转训人数，总共影响对象超过百万人，这是一场内容丰富的、空前的精益思想传播风暴。

在全国范围内培养、表彰“中国精益匠人”

刘承元在推广和宣导工匠精神的时候也是不遗余力，早在2014年就发表了相关文章 。在中央电视台推出《大国工匠》节目之前的2015年，刘承元就倡导并发起首届“中国精益匠人”评选和表彰活动。

至今为止，评选活动已经成功举办5期，已经为累计76名优秀员工授予“中国精益匠人”称号。涌现出了一大批有激情、有创意、能创新的改善能手。

参与推荐的企业有首都钢铁、唐山钢铁、中粮集团、水晶光电、亨通光电、泰嘉新材、技研新阳、广明源光科技、白象食品、康恩贝药业、豪鹏科技、瑞丰钢铁、特发信息、佳联印染、乐琪纺织、温州瑞明、利源集团、金意陶陶瓷、英联包装、森赫电梯、巨人通力电梯、金龙纸业等数十家大中小型企业。

这些企业的宣传，以及精益匠人们的示范，对中国制造的管理水平和技术升级产生了积极的影响。相信这项活动必将是星星之火，可以燎原。

精益管理思想结晶，29部图书出版

自创业之日起，刘承元团队就立志做好三个方面工作：咨询、教育与智库。这些工作，归根结底就是一件事情，那就是帮助企业提升，做强中国制造。智库是为教育服务的，教育是为咨询服务的，刘承元团队倡导的手把手咨询才真正适合中国国情，才能实现客户价值最大化。

创业至今，刘承元团队已经编撰出版了29部图书，包括国内第一本现场5S管理、国内第一本精益生产JIT和第一本工厂全面改善TPM等，共发行上百万册，影响范围极广。刘承元博士还在《世界经理人》《企业管理》《中外管理》等杂志或网站上，发表了数百篇管理理论文章，有部分是原创理论，在国内产生一定影响。刘承元的许多独创管理思想来源于实践，又高于实践，均能用来指导实践，深受广大企业管理者喜爱。

什么是“百千万工程”

为了快速提升中国制造水平，使其在国际上赢得重要一席，影响并促进更多企业和更多企业管理者学习精益、实践精益，刘承元于2006年提出了“百千万工程”的战略目标。“百千万工程”的具体内容是，用10年时间，树立100家精益管理标杆企业；帮助1 000家企业导入精益，扎实提升管理水平；培养10 000家信奉精益管理思想的企业，并通过精益管理标杆企业的示范作用，全面推动中国制造业管理进步。

如此豪迈、壮观又有使命感的“百千万工程”于2016年告一段落，获得巨大成功。一大批精益管理标杆企业涌现了出来，为各行各业起着很好的示范作用，为做强中国制造做出重大贡献。现列举部分企业如下：

家电行业有美的集团、格力电器、TCL集团等企业；钢铁行业有唐钢股份、首钢股份、马钢集团、瑞丰钢铁等企业；家具行业有美克家居、圣奥集团、中泰龙集团、华盛家具等企业；光电行业有聚飞光电、水晶光电、技研新阳等企业；汽车及零配件行业有宇通客车、吉利汽车、瑞明集团、雅虎汽车等企业；光缆光纤行业有亨通集团、特发信息等企业；重工行业有中联重科、三一重工、第一重工、海伦哲等企业；印染纺织行业有佳联印染、乐琪纺织、圣山集团等企业；食品饮料行业有中粮集团、劲酒集团、白象集团、贝因美、古井贡集团等企业；医疗药业行业有王老吉、康恩贝等企业。

在这些企业的影响和带领下，精益管理已经在国内众多企业里生根、开花、结果。

中国精益管理学堂，培养务实管理人才的摇篮

刘承元生在农村，长在农村，父母是文盲，虽然家境不好，但他却异常勤奋与努力，恰逢中国改革开放给了他走出乡村的机会。他于1978年考入哈工大，大学四年后，又于1983年考取国家公派出国留学生，攻读硕士、博士学位。他本科、硕士、博士都是在国家资助下完成的，所以他始终觉得，自己就是国家的人。1989年学成之后，许多留学生留在国外，而他毅然选择回国，而且常常问自己，怎样做才能更好地回馈国家的培养？所以，在整个职业生涯中，他一直在发愤努力，锐意进取，不断升华自己。

自从2000年创办公司以来，刘承元团队成功地帮助一批又一批国内各行业“领头羊”企业，导入精益管理，在各行各业树立起了标杆企业，并通过他们的示范，推动了整个中国制造的管理进步。在服务客户过程中，刘承元和他的团队还积累了丰富的实践经验和管理智慧，并架构了属于中国人自己的原创的“精益造物育人”机制理论。

过去40年，中国制造获得了飞速发展，在规模上实现了对美日的超

越，但是刘承元发现，中国制造大而不强，绝大多数中小型企业存在盈利水平低下、可持续经营能力不足等问题，急需精益思想和精益方法的加持。为此，刘承元报效国家的愿望与日俱增，并20年始终如一落实在具体的行动上，可赞可颂。

2018年，正值中国改革开放40周年之际，刘承元的初心化作了一个伟大的梦想：将用毕生精力，培养一大批信仰精益的同道者，并和他们一起，积极传播精益思想，务实推动精益实践，不遗余力做大做强中国制造。

经过数月的筹备，他的“中国精益管理学堂”已经于2019年3月开课。业内外人士坚信，该学堂将成为培养中国精益人才的摇篮，为中国制造做大做强贡献力量。

后记

几年前，因为采写《中国管理咨询业实战名家》一书的缘故，我认识了刘承元博士，对他做了几次采访。后来，我还参加过几次由他公司主办的“中国企业管理高峰会”，有近千人参加，场面宏大，气氛热烈，主题凸显责任和使命。凭我的经验判断，他和别的顾问老师相比，有很大不同。除了性格随和、低调谦逊外，他还有更多的亮点吸引着我。

他服务客户的理念不同，一切以客户为中心，始终追求客户价值最大化。

他严于律己，有梦想、有情怀，把工作当成崇高事业来做，并以“制造强，中国强，管理改变中国”为职业信念，凝聚了一大批优秀和有敬业精神的实战专家顾问，他们来自丰田、三星、理光、富士施乐等优秀世界500强企业。

让我印象深刻的还有，他的客户对他的那种尊重，完全超出了我的想象。作为乙方，刘承元不卑不亢，除了在管理上帮到客户企业，最重要的贡献是，他的原创管理思想、机制和方法，深刻地影响着客户领导和员工的思想和行为。

2019年，刘承元应母校哈工大之约，想出一本关于他的传记，出于对我的信任，刘承元让我来主笔。就这样，我和他有了更多、更深入的接触，也就有机会走进他那丰富精彩的人生历程。

经过多次深入采访，他的许多经历都令我感动。我感觉，他对自己职业的热忱和对客户的用心，在整个管理咨询业里都是少见的。他的许多原创管理思想、他的责任心和使命感都深深触动了我，让我更有信心和决心写好关于他的故事。

作为20世纪60年代出生的一代人，刘承元是幸运的。自16岁开始，他就搭上了改革开放的“顺风车”，一路高歌。对待人生，他总是全力以赴，通过自己的顽强拼搏，获得累累硕果。在刘承元身上，我深切地感觉到有几个“多”：

学习的机会多。他高中毕业就顺利进入哈工大，哈工大毕业马上就出国留学，攻读硕士博士学位，后来还进入日本中小企业大学学习。看到他拥有那么多学习机会，我不由得感叹，除了自身的努力和运气之外，是时代时势造就了他。

遇到的好人多。在和他交流的过程中，刘承元说得最多的一句话是“世界上还是好人多”，满满的正能量。他在每一个人生阶段，都有贵人相助。从初中遇到充满大爱的启蒙老师开始，到大学、研究生阶段，他又遇到许多好老师，学习之外，他又遇到了许多好朋友。在理光工作期间，他不仅遇到好领导，还遇到了世界级的精益导师。感觉是冥冥中，上天安排好了似的。有句话说得好，自助者天助。刘承元能够得到贵人相助，与他的品德和为人是分不开的。

帮到的企业多。自从他创业之后，他和他的团队已经帮助千余家企业导入了精益管理，为客户带来实实在在的巨大价值。特别令人感到欣喜的是，他的客户忠诚度特别高，有些企业已经连续合作十多年，他的公司算得上是世界上续约率最高的咨询顾问公司。由此可见，刘承元对这些客户的影响有多深。

在他的客户清单里，有中粮集团、王老吉、首都钢铁、河北钢铁、马钢集团、航天一院五院、中航工业等一批共和国脊梁，有美的电器、格力空调、TCL集团、海尔电器、富士施乐等一批跨国企业，有中联重科、三一重工、海伦哲、水晶光电、聚飞光电、美克家居、长青集团等一批上市公司，还有更多各行各业的国有和民营优秀企业。这份客户清单，令不少国际大牌咨询公司羡慕不已。

输出的智慧多。刘承元不仅进行了大量学习和实践，还有大量的知识和智慧输出。自创业以来，他已经出版了《TPM工厂全面改善》、《比日本企业更高效》（上中下三册）、《精益思维》等多部著作，并在《世界经理人》《中外管理》和《企业管理》等权威杂志上发表管理论文数百篇，提出了许多原创的具有冲击力的管理思想。他的思想，不是那种理论说教，更不是那种人云亦云，而是来源于实践、高于实践、又能够指导实践的系统思考，对企业经营管理具有现实指导意义，广受管理者欢迎。

他提出的“精益造物育人”机制理论，更是得到市场和客户的认可，被称为中国人自己的精益管理理论。他还因此获得了国务院下属管理科学学会颁发的管理促进奖，和董明珠、陈春花以及格力、海尔等个人或集体一起在北京领奖。

因为在管理学研究和实践方面的重要贡献，他还先后登上了权威杂志《世界经理人》和《企业管理》封面。这在国内咨询行业是首例，是开行业之先河。

刘承元不仅带领企业学习和实践精益管理，还把精益当成自己人生的信仰。他说，自己的生活就过得简单而充实，断舍离做得很好、很精益。他的举手投足，处处体现精益思想。他平时用手帕，尽量不用纸巾，因为觉得用纸巾太浪费。在高铁上，服务员会给每人发一份小点心和一瓶水，他一般都不会要，觉得太浪费。服务员还经常提醒他，是免费的。刘承元总是亲切地回答，不用，谢谢。住酒店，只允许自己用一条毛巾，其他的毛巾一概不用。一个人吃西餐的话，尽量少用盘子、刀叉等……

刘承元不好运动，但是他有一套“自圆其说”的精益养生法，生活规律，不放纵自己，和抽烟、打牌、麻将、游戏、酗酒等嗜好完全不沾边，处处体现精益精神。他说，只要保证快节奏的劳动和工作，不偷懒，基本也就达到锻炼的目的了。

梳理刘承元的故事之后，总有一个感觉，那就是，他不曾有片刻停留，一直在奔跑。用他自己的话来说：在改革开放洪流的裹挟下，也因为“为他人活着”的使命感使然，自己根本就无法停下来。

每次和刘承元交流，都会感到扑面而来的激情和快乐，他孩童般的笑声特别有感染力。刘承元看上去比同龄人年轻，这和他的乐观、豁达和良好生活习惯有很大关系。

从刘承元今天的工作状态看，他还能为社会做更多的事情，他的思想体系也会得到进一步的充实和升华。我相信，在世界管理学领域，刘承元注定会留下浓墨重彩的一笔，为做强中国制造、助推民族复兴贡献智慧与力量。

我期待着，有一天再续写关于他的精彩人生华章……

在本书出版过程中，哈工大出版社李艳文社长及各位编辑老师给予了大力支持，并提出了很多宝贵意见，深为感谢！因时间仓促错误难免，请读者多提宝贵意见。

于常印　刘雪琳